»Du bist klüger und schöner, als du glaubst.
Dein Körper ist stärker, als du denkst.«

Charmant und originell ebnet Tina Schütze den Weg zu mehr Gelassenheit und Leichtigkeit im Leben. Sie hilft, verborgene Potentiale zu nutzen, Stärken zu entdecken und begrenzende Einstellungen zu entlarven.
Eine spannende Reise zu mehr Selbstvertrauen, Kreativität und Achtsamkeit.

Tina Schütze ist Fitness- und Gesundheitscoach, Journalistin, Buchautorin. Ihre Beiträge erscheinen u. a. in ELTERN und HAPPY WAY. Als Personal Trainerin trainiert sie ganz unterschiedliche Frauen, die auf den ersten Blick alle rundum glücklich und zufrieden (mit sich) sein müssten. Doch statt sich selbst und ihr Leben zu genießen, gehen viele hart mit sich ins Gericht. Mit ihrer Arbeit möchte sie Frauen helfen, die Liebe zu sich selbst zuzulassen. Tina Schütze hat zwei Kinder und lebt in Berlin. – www.tinaschuetze-berlin.de

Weitere Informationen finden Sie auf www.fischerverlage.de

Tina Schütze

WERDE DIE
Frau
DEINES
Lebens

Gelassen. Selbstbewusst. Glücklich.

Ein inspirierendes Workbook
auf dem Weg zu dir selbst

FISCHER Taschenbuch

3. Auflage: Februar 2017

Originalausgabe

Erschienen bei FISCHER Taschenbuch
Frankfurt am Main, Oktober 2016

© 2016 S. Fischer Verlag GmbH, Hedderichstr. 114,
D-60596 Frankfurt am Main

Illustrationen: © Anke Schiemann, www.ankeschiemann.de
Satz: fotosatz griesheim GmbH
Druck und Bindung: CPI books GmbH, Leck
Printed in Germany
ISBN 978-3-596-03471-0

*Für »meine« Frauen
und für dich*

You are not a drop in the ocean –
you are the entire ocean in a drop.

(Rumi)

INHALT

It's showtime, Baby! *13*

Nur ein Traum?
Du hast die Wahl *19*

Time for a change
Aufgewacht und raus aus den Kissen *37*

Spieglein, Spieglein an der Wand …
Wie mit unseren Selbstzweifeln
Profit gemacht wird *43*

Nobody is perfect
So be nobody? *61*

Lass die Welt außen vor
Finde dein inneres Zuhause *69*

Bauchgefühl
Vertraue deiner Intuition   *75*

Von Formen, Maßen und Aufgaben
Was dir dein Körper sagen will   *89*

Artemis, Athene oder Aphrodite
Entdecke die Göttin in dir   *103*

Yin und Yang
Vom Mut, eine Frau zu sein   *119*

Ich bin …
Die Chefin meines eigenen Lebens   *131*

Die vier Säulen deines Tempels
Wie willst du leben?   *147*

Detox für die Seele
Löse deine inneren Blockaden   *167*

Unter der Oberfläche
Die Macht alter Glaubenssätze *195*

(D)ein Leben im Flow
Öffne dein Herz für mehr Fülle und Gelassenheit *211*

Be-YOU-tiful
Gut, besser, ich! *249*

Me-mento
Dein Kraftort für schöne Momente *265*

Dank *271*

Quellen *272*

Willkommen!

Entdecke: extrem interessante Menschen,
Möglichkeiten und Chancen.

Erlebe: unvergessliche Momente
und sagenhafte Wunder.
Täglich.

Fühle: Rhythmen, die bewegen,
Energie, die unter die Haut geht,
Nähe und Verbindung.

Atme, lache, träume, tanze,
lebe, liebe, wachse.

Genuss pur.
Imposant.
Exklusiv.
Magisch.
Einmalig.
Für DICH!

Wann: JETZT!
Wo: hier!

Lass dich inspirieren!

... Und:

Werde die Frau DEINES Lebens!

»Nur zwei Prozent der deutschen Frauen bezeichnen sich
selbst als schön.«

»66 Prozent wissen, dass sie selbst ihre größte Kritikerin
sind.«

»Lediglich sieben Prozent der deutschen Frauen geben an,
dass sie nichts an ihrem Äußeren verändern würden.«

»Mehr als jedes vierte Mädchen leidet unter einer Essstörung.«

IT'S SHOWTIME, BABY!

Ich sag's, wie's is: I miss your bliss! Das kann so nicht weitergehen. So viele Frauen finden sich zu dick, zu hässlich, schwach, weich, suboptimal. Das ist Mist. Und überflüssig. Das muss einfach nicht sein. Weder für dich selbst noch für die Menschen um dich herum. Jeden Tag erwartet dich ein Leben in Fülle, Liebe und Zufriedenheit. Schnapp es dir!

Du bist einzigartig. Einzigartig schön, schlau, erfolgreich, sexy, liebenswert. Nie zuvor gab es einen Menschen wie dich, und nie wieder wird es einen Menschen wie dich geben. Es gibt kein richtig oder falsch, kein besser oder schlechter, sondern nur den eigenen, ganz individuellen Weg. Leider fühlen wir Frauen das nicht. Wir sind wie Rotkäppchen an der verlockenden Blumenwiese, von unserem Weg abgekommen. Statt fokussiert weiterzugehen, haben wir uns in dieses kunterbunte und atemraubende Optimierungskarussell gesetzt. Es dreht sich und dreht sich, wir glauben, da bewegt sich was – dabei drehen wir uns nur im Kreis. Wir werden dermaßen durchgewirbelt, dass sich der Blick auf uns selbst verschiebt, bis wir schließlich glauben, noch schöner sein zu müssen, noch witziger, noch schlanker, noch klüger, attraktiver, vitaler, interessanter, erfolgreicher. Anders. Besser. Als wer? Als wir selbst. Dabei wollen wir doch eigentlich nur glücklich und zufrieden sein. Und so gemocht und akzeptiert werden, wie wir sind. Aber reicht das? Was, wenn wir genau deswegen anderen nicht gefallen? Eben weil wir so sind, wie wir sind?

Wie viele Frauen tragen diese Unsicherheiten, Sorgen und Zweifel in sich? Gleichzeitig scheinen manche Frauen mit so viel Leichtigkeit durch ihr Leben zu tanzen, so hell zu strahlen, so erfolgreich und perfekt zu sein. Also geht es doch? Gibt es Perfektion?

Und so reiben wir Frauen uns (auf) am schönen Schein und kämpfen uns durch einen völlig unnötigen Konkurrenzmarathon. Verschnaufpausen gönnen wir uns selten. Gegenseitig nicht und erst recht nicht uns selbst.

Dabei ist doch jede Frau eine Traumfrau. Ich weiß, Traumfrau ... Das hört sich so nach Hollywood an, Leichtigkeit und Lebensfreude. Definitiv nicht nach Wochenendeinkauf, Wäschebergen, Bürostress, KiGa-Elternabend, Zukunftsangst oder nach dem Kampf mit der Schwerkraft, dem Zahn der Zeit oder der verzweifelten Suche nach einem liebevollen Partner. Stimmt. Aber muss das eine das andere ausschließen? Gibt es nicht fernab der Hochglanzmagazine eine friedliche Koexistenz von Glamourschick und Alltagstrott?

Jede einzelne von uns Frauen ist eine Granate. Du bist eine tolle Persönlichkeit. Einzigartig. Punkt. Nicht trotz, sondern vor allem dank deiner Macken und Makel. Geformt durch deinen bisherigen (Lebens-)Weg, um die zu werden, die du heute schon bist und zukünftig sein willst. Greta Garbos erster Job war zum Beispiel ganz unglamourös: »Einseifmädchen« in einem Friseursalon. Angelina Jolie wurde in ihrer Jugend für genau jenen Look gehänselt, den heute Millionen Menschen anziehend finden. Und Barbara Schöneberger macht in ihrer NDR Talk Show keinen Hehl aus den Zauberkünsten ihrer Maskenbildnerin, indem sie sagt, ihr ginge es wie dem Sänger Cro – ohne Maske wird sie auf der Straße nicht erkannt. Keine der Frauen ist eine Perfektionista – und alle drei sind (und waren) trotzdem beeindruckende Frauen. Sie haben sich auf jene Dinge konzentriert, die sie auszeichnen, die sie einzigartig machen, und haben damit alles andere überstrahlt. Jede zu ihrer Zeit, in ihren Möglichkeiten.

Das kannst du auch! Und ich möchte dir mit diesem Buch dabei helfen.

Du kannst weiterhin versuchen, in allem perfekt zu sein, und jeden Morgen im Bad viel Zeit damit verbringen, deine Falten zu zählen, die Augenringe zu verfluchen, mit der Waage zu schimpfen und dich wortwörtlich runter-, klein- und fertigzumachen, dich mit Photoshop-Schönheiten vergleichen und der vermeintlichen Makellosigkeit hinterherjagen. Du könntest aber auch damit aufhören und der Empfehlung von Modeschöpferin Diane von Fürstenberg folgen:

When a woman becomes her own best friend, life is easier.

Komm, stopp das blöde Gedankenkarussell und schmeiß die überkritische Brille in die Ecke. Jetzt. Mach es dir leicht. Definiere dich von innen heraus statt über die Meinung anderer. Fühl dich mit dir selbst gut statt durch andere Menschen oder Dinge.

Lass uns entdecken, was dich noch zurückhält, wo du dich versteckst und wozu es dir dient; was dich begeistert und was dein neuer Weg sein kann.

Dies ist ein Workbook! Weil lesen zwar sehr unterhaltsam und lehrreich sein kann, die »dreckigen dunklen Ecken« nach der letzten Seite aber noch immer da sind. Wirklich aufgeräumt ist damit gar nichts. Veränderung ist nur möglich, wenn du auch mitmachst. Nur du allein entscheidest, was sich in und an dir ändern darf, damit innen und außen sich harmonisch anfühlen und im Fluss sind. Neben deinem Denken auch dein Fühlen und dein ganzes Sein in Harmonie sind und bereit für einen glücklichen, gesunden Lebensstil. Neben meinen Ideen und Hilfestellungen ist hier viel Platz für deine Gefühle, Ideen und Gedanken.

Tob dich aus, kritzle und krakle in diesem Buch herum. Schreibe, um tiefer zu gehen, intensiver zu fühlen, zu erkennen. Und wenn du zu müde bist, keine Lust hast, dich an einigen Stellen quälst oder um die Textpassagen herumschleichst? Dann ist das so. Du kommst sicherlich darauf, weshalb und wozu. Meditationsübungen oder andere Praxisbeispiele habe ich durch (m)eine Yoga-Frau markiert. So findest du diese Stellen einfacher wieder, um auch später immer mal wieder einzutauchen und regelmäßig mit deiner inneren Weisheit Kontakt aufzunehmen.

Alles ist bereits in dir! Ich helfe nur, dich zu erinnern.

... an die Traumfrau, die du schon längst bist!

Dies ist DEIN Buch!

(Er)finde dich, deine einzigartige Weiblichkeit und dein Leben als Traumfrau, damit du dir ab jetzt jeden Morgen fröhlich im Spiegel zuzwinkerst:

»Yes, Baby! Mit dir wird das heute der schönste Tag meines Lebens!«

Alles Liebe!
Tina Schütze

Fangen wir an.

NUR EIN TRAUM? – DU HAST DIE WAHL

An manchen Tagen scheint der Wecker mitten in der Nacht zu klingeln, der neue Tag viel zu eilig anzuklopfen; die Augenlider sind schwer, die Gelenke steif und die Aussicht, arbeiten zu gehen, ist längst nicht so verlockend, wie den Tag mit süßem Nichtstun einfach im warmen weichen Bett zu verbummeln. Mit jedem Gedanken an das, was wir heute alles tun müssen, wird die Last schwer und schwerer. Allein sich auf die Seite zu drehen, um das nervige Weckerklingeln endlich zu stoppen, fühlt sich wie ein Kampf gegen die Schwerkraft an.

Und jetzt stell dir vor, du könntest einfach liegen bleiben. Du schaltest den Wecker aus und machst ... nichts.

Vielleicht scheint draußen die Sonne,
vielleicht weht ein kalter Wind.
Hier in deinem Bett ist es herrlich gemütlich,
deine Beine sind schwer und entspannt,
auch deine Arme, dein Kopf, dein ganzer Körper sinkt tief
in die Kissen.
Schwer und schwerer sinkt er
tief und tiefer.
Du willst dich nicht umdrehen und musst es auch nicht.
Du könntest jederzeit aufstehen, brauchst es aber nicht.
Dein Körper hat Pause.
Deine Gedanken schweben.
Friedlich und ruhig ist das ... hier in deinem Bett.

Du bist ganz allein.

Kein einziges Wölkchen trübt deine Gedanken.
Keine Geräusche.
Keine Stimmen.
Auch kein Telefonklingeln,
keine Mails, keine Termine, kein Druck, kein Stress ...
Nichts und niemand.
Gar niemand!
Niemand. Niemals wieder.
Du hast alles und alle hinter dir gelassen.
Aus.
Vorbei.

F R I E D E N.

Ein Traum!

Oder?

Bekommst du Schnappatmung, möchtest aufspringen und raus aus den Federn?

Oder würdest du lieber liegen bleiben?

Du hast die Wahl. Es ist *deine* Entscheidung.

Bleibe ruhig noch etwas in diesem Gefühl, das der kleine Traum in dir hinterlassen hat. Atme tief ein, atme aus, schließe die Augen und entspanne dich.

Wie hat sich das gerade angefühlt?

....
....
....
....
....
....

War dein Impuls aufzuspringen? Warum? Zu welchem Zweck?

....
....
....
....

Was würde passieren, wenn du tatsächlich liegen bleibst?

....
....
....
....
....
....
....

Was wäre das Schlimmste, was passieren könnte?

....
....
....
....
....
....

Für wen oder was würdest du zurück in den (hektischen) Alltag gehen?

....
....
....
....
....
....

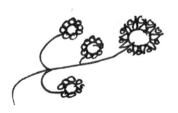

Wie müsste dein (All-)Tag aussehen, damit du dein warmes, kuscheliges Bett jeden Morgen gerne verlässt?

Je mehr du dir selbst, deiner Gedanken und Gefühle bewusst wirst, desto besser lernst du dich kennen. Das ist wichtig. Unsere Gedanken und Gefühle sind sehr mächtig. Sie bestimmen viel von dem, was wir machen. Jeden Tag. Bewusst und zu einem großen Teil sogar unbewusst. Viele von uns stehen sich permanent selbst im Weg und wissen nicht, warum oder sind sich selbst fremd; haben den Kontakt zu sich, ihrer inneren

Stimme und Kraft verloren. Da gleicht der Blick in den Spiegel einer Mischung aus Blinddate und Krieg und Frieden. Manchmal mögen wir uns mehr, dann wieder weniger, und dann gibt es Phasen, da empfinden wir unseren ganzen Körper als Krisengebiet, die Emotionen fahren Achterbahn, und die grauen Zellen glühen 24/7.

Wir Frauen wollen viel, erwarten viel, auch von uns selbst. So gut, wie wir in der Welt da draußen funktionieren, so rätselhaft bleibt uns jedoch häufig unsere innere Welt. Hat dir jemand schon mal gesagt: Du bist genau wie deine Mutter? Egal in welchem Kontext, die Mehrheit der Frauen wird das eher als Gemeinheit denn als Kompliment verstehen. Dabei ist an solchen »Vorwürfen« meist etwas dran. Während uns die Menschen um uns herum oft ganz gut einschätzen können, haben wir selbst ein ziemlich verzerrtes Bild von uns und neigen dazu, uns zu über- oder zu unterschätzen. Wir glauben, wir wissen, was wir tun, dabei steuern wir nur wenige Prozent unseres Lebens bewusst. Den wesentlich größeren Teil steuert unser Unterbewusstsein. Das sind so Dinge wie ein- und ausatmen, Zellteilung, Verdauung oder routiniertes Autofahren. Alles extrem wichtig für unser Überleben und aus Gründen der Energieeinsparung schlauerweise unterbewusst gesteuert. Dazu gehören aber auch Handlungsanweisungen, die sich aus dem speisen, was wir in den ersten sieben Lebensjahren von unserer Umwelt erfahren und gelernt haben. Zum Beispiel:

> Männer sind untreu.
> Mit ehrlicher Arbeit wird man nie reich.
> Wenn ich schön bin, werde ich geliebt.

Solche Glaubenssätze, sind wie die Programmierung eines PC und laufen unterbewusst ab. Dazu kommen noch Erinnerungen, uraltes Wissen und Handlungsanweisungen unserer Vorfahren, die in unseren Genen gespeichert sind. Auch diese steuern uns unterbewusst ... und lassen uns eben in manchen Momenten wie unsere Mutter agieren und aussehen. Die Kombination aus bewusst und unterbewusst, Gedanken und Gefühlen, erschafft die Welt um uns herum. Nicht leicht zu akzeptieren in unserer westlichen Gesellschaft, wo wir alles Logische, Technische, Messbare so wertschätzen.

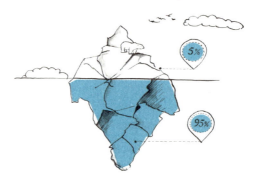

Deshalb: Höre bei dieser Reise zu dir selbst auch auf deine Gefühle und nicht nur auf deine Gedanken. Bauch und Herz sind stärker als der Geist. Das heißt nicht, völlig ferngesteuert und irrational durchs Leben zu taumeln. Ganz und gar nicht. Sei skeptisch, nutze deinen gesunden Menschenverstand, plane, organisiere. Aber achte auch auf deine Gefühle, und vor allem: Lerne sie wertzuschätzen als ganz natürliche Wegweiser. Auch wenn uns Entscheidungen »aus dem Bauch heraus« manchmal suspekt sind – zu unlogisch, zu wenig messbar, (be) greifbar, spüren wir doch sehr deutlich, wenn uns etwas wortwörtlich »auf den Bauch schlägt« oder »schwer im Magen liegt« oder eine neue Liebe »Schmetterlinge im Bauch« verursacht.

Alte östliche Kulturen (wert)schätzen den Bauch seit Jahrhunderten als Zentrum unseres Seins. Knapp unter dem Bauchnabel befindet sich, was im Zen als Hara, in anderen Kulturen als Tanden (jap.) oder Dantian (chin.) bezeichnet und in den asiatischen Kampfkünsten bis heute als »entscheidendes Kraftzentrum«, als »Ozean der Energie« angesehen wird.

Auch die moderne westliche Forschung sieht inzwischen bestätigt, was in unseren Breitengraden lange als Humbug und Eso-Quatsch galt. Der amerikanische Forscher Michael Gershon hat festgestellt, dass 90 Prozent der Nervenverbindungen von unten nach oben verlaufen. Sprich: Der Bauch sagt, wo's langgeht – viel mehr als das Gehirn.

Deshalb spricht der Forscher vom Bauchhirn und gibt damit die wissenschaftlich gestützte Erlaubnis, dem Bauchgefühl vertrauen zu dürfen. Wir alle kennen das, egal, ob es um den teuren Pullover geht, den Umzug oder den neuen Freund – der Bauch weiß schon längst, ob pro oder contra, nur der Kopf muss noch überzeugt werden.

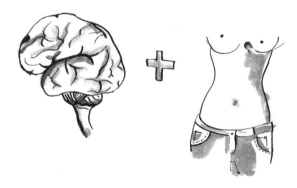

Übrigens: Harakiri bedeutet, mit dem Aufschlitzen des Bauches das Zentrum, die Quelle des Seins, zu zerstören. Ebenjenes Hara zu töten. Wenn ich mir anschaue, wie wir Frauen mit unserem Bauch umgehen, wie wir ihn in enge Jeans quetschen, mit Diäten bekämpfen, durch zu hartes Training malträtieren, ihn ablehnen oder auch hängen lassen, dann begehen auch wir auf die ein oder andere Weise Harakiri. Wir opfern unseren natürlichen Bauch einem künstlichen Schönheitsideal, zwingen ihn in ein (männliches Muskel-)Korsett und begrenzen dadurch unsere Lebensenergie. Wir füllen ihn mit leeren Kalorien anstatt mit nährender Energie.

Das nur am Rande, denn auch hier gilt: Du bestimmst, welches Spiel du mitspielst oder ob du dich ab jetzt an die Hand nimmst und neue Verhaltensformen, mögliche Alternativen, Lösungen testest. Dafür solltest du natürlich wissen, wie es in dir ausschaut.

Was sind tatsächlich *deine* inneren Wünsche und Bedürfnisse? Und was sind eher Erwartungen von außen? Mach dich bereit, Wege zu finden. Möglichkeiten. Vielleicht sogar Dankbarkeit und Zufriedenheit. Erkenntnis wird möglich und damit auch Veränderungen. Wir alle können uns ändern. Keine ist zu schwach, zu alt, zu irgendwas. Du musst es nur wollen. Das ist für mich das einzige »Muss«. Es ist *dein* Weg, *deine* Wahl – wähle zu wählen, jeden Tag.

Meist wissen wir zumindest schon einmal ziemlich gut, was wir *nicht* wollen. Das ist schon mal was, nur: Vorsicht! Wenn ich nicht weiß, was ich in meinem Leben haben möchte, weiß ich auch nicht, wie und wo ich es bekomme. Dann kann ich zwar hier und da beherzt »nein« sagen, lasse mich aber dennoch leicht vom schönen Schein verführen. Ausprobieren ist großartig, so wurden der Menschheit unglaubliche Innovationen geschenkt. Doch nur weil jemand anderes etwas hat oder lebt, was für dich sehr verlockend und erstrebenswert erscheint, muss es längst nicht zu dir und deinem Leben passen.

Zu selten fragen wir uns vor lauter Neid und Gier: Welchen Preis haben die anderen für das schicke Haus, das schnelle Auto und die eleganten Kleider gezahlt? Wie steinig war *ihr* Weg zum Erfolg? Wie viel Fleiß und Disziplin waren dafür notwendig? Was sind die Schattenseiten eines nach außen hin so erfolgreichen Lebens? Will ich die dann auch?

Nimm dir ausreichend Zeit für eine Bestandsaufnahme.

Was hast du bisher erreicht?

....
....
....
....
....
....
....

Was hast du gelernt? Welche Erfahrungen helfen dir noch heute?

....
....
....
....
....

Welche Fehler willst du nicht noch einmal machen?

....
....
....
....

Was wünschst du dir (noch)?

Welche Konsequenzen sind damit verbunden? Welchen Preis bist du bereit, dafür zu zahlen?

Wir dürfen selbstbestimmte Wege finden. Und wir dürfen so reich und erfolgreich und glücklich sein, wie wir wollen. Wir sollten nur aufhören, uns auf den Mangel zu fokussieren und darüber zu jammern, was noch fehlt. Es wird immer Menschen geben, die – auf den ersten Blick – mehr haben als wir. Mehr Glück, mehr Geld, mehr Liebe, mehr Zeit, mehr Sonne im Leben. Und wir selbst? Wir könnten auch einfach mal zufrieden sein mit dem, was wir haben. Davon ausgehen, dass alles so ist, wie es sein soll. Und alles, was wichtig für uns ist, zur richtigen Zeit zu uns findet, und unsere Aufgabe vielmehr darin sehen, präsent zu bleiben. Wachsam – zur Stelle, wenn sich eine Chance bietet. Zugreifen, wenn uns das Leben Möglichkeiten schenkt, und diese Fülle dann auch annehmen. Wie ein Adler, der über die Steppe fliegt, sich vom Wind tragen lässt und doch kraftvoll und ausdauernd alles im Blick behält, um im entscheidenden Augenblick zuzugreifen.

Und bevor du jetzt denkst: Oje, oje, sind das nicht ein bisschen zu viel Kalenderspruch-Weisheiten? NEIN! Fülle ist super! Präsenz auch! Sei ganz da, im Hier und Jetzt. Und keine Panik: Auf dem Weg, die Traumfrau deines Lebens zu werden, wirst du manchmal stolpern. Doch nur wer nichts macht, macht nichts falsch. Mach dich locker statt verrückt.

Was wäre die Alternative? Alles beim Alten zu (be)lassen und schon wieder die eingefahrenen Wege zu nehmen? Ist zwar bequem und spart Energie. Aber willst du das?

Bei so vielen Menschen sinken mit den Jahren die Mundwinkel nach unten, und ein seltsamer Beigeschmack breitet sich aus –

irgendwas stimmt nicht, irgendwo zwickt und zwackt es und fühlt sich falsch an. Der Körper zeigt diese Signale deutlich, aber wer hört denn schon auf den? Verbiegen wir uns weniger, nur weil die Bandscheiben schmerzen? Hören wir auf, karrierefixiert durch den Alltag zu hetzen, obwohl uns längst die Galle hochkommt? Gehen wir mehr auf uns selbst zu, wenn die Füße fehlstehen und vielleicht einen anderen Weg aufzeigen? Lauschen wir mehr nach innen, nur weil der Tinnitus uns im Ohr klingelt? Lassen wir uns weniger vom Schönheits- und Jugendwahn manipulieren, obwohl wir doch wissen, welche Rolle Chemie und Skalpell dabei spielen? Von den mit Photoshop bearbeiteten Bildern in den Hochglanzmagazinen mal ganz abgesehen. Models und Filmstars, die seit zwanzig Jahren wie dreißig aussehen?

Was willst *du*?
Du entscheidest, was dich wirklich glücklich macht. Jetzt. Warte nicht. Leider nehmen wir uns meist erst so richtig Ruhe und Zeit, all das für uns zu durchdenken, wenn Körper oder Psyche laut und deutlich stopp sagen. Wir werden schließlich so niedergedrückt und krank, dass uns keine andere Wahl bleibt, als innezuhalten. Keine prickelnden Aussichten ...

Nutzen wir also lieber diesen kleinen Tagtraum. Wir spüren nach, schauen auch in die schmutzigen, dunklen Ecken, schieben die anerzogenen Nettigkeiten zur Seite und machen Platz für die echten Gefühle, um dann mit frischer Energie durchzustarten. Vielleicht reicht schon etwas Durchlüften oder ein kleines bisschen Schrauben hier und da, um entscheidende Rädchen in Schwung zu bringen. Es dürfen ruhig kleine Schritte sein, das Wichtigste zuerst, und dann mit jedem Erfolgserlebnis einen kleinen Schritt weiter. Du bestimmst das Tempo. Setz dich nicht unter Druck. Du musst nicht erfolgreich, zufrieden und glücklich sein, aber du darfst es.

Du darfst in *deinem* Leben machen, was du willst. Nichts ist gesetzt. Du hast jederzeit die Wahl. Um das mit all seinen Konsequenzen und in seiner ganzen Fülle genießen und leben zu können, hilft radikale Ehrlichkeit zu dir selbst. Plus: ein ganzheitlicher Blick. Das hier ist »nur« ein Buch, und ja, ich kenne dich nicht. Das heißt, es ist an dir, genau hinzuschauen und mich wie eine Reisebegleiterin zu sehen, wie eine nette Stewardess. Du entscheidest, ob und bei welchen Häppchen du zugreifst und welche du liegenlässt. Oder sieh mich als deinen Fitnesscoach: Ich kann dir zeigen, welche Übungen gut für dich sind. *Machen* musst du sie jedoch selber. Von *meinen* Situps und Liegestützen werden *deine* Muskeln nicht stärker. It's always up to you!

Also sei unbedingt ehrlich zu dir, und du wirst den bestmöglichen Nutzen aus den folgenden Seiten davontragen. Wenn du dich durchschummelst, fühlt sich das bestimmt auch ganz gut an, doch auf lange Sicht wirst du vermutlich bald den nächsten und wieder nächsten Ratgeber kaufen, weil's eben immer noch zwickt und zwackt.

Du willst noch etwas im kuscheligen Nest liegen bleiben? Okay, wie wäre es mit einem Märchen?

Es war einmal ein Edelmann, der sich zum zweiten Male verheiratete, und zwar mit der stolzesten und hochmütigsten Frau der Welt. Sie brachte zwei Töchter in die Ehe, die ihr in allen Dingen ähnlich waren. Der Edelmann hatte ebenfalls eine Tochter, das sanfteste, gutmütigste Geschöpf, das man sich vorstellen kann. Die Stiefmutter war kaum ins Haus gekommen, als sie ihre bösen Launen schon an der vorgefundenen Stieftochter ausließ. Die niedrigsten Verrichtungen im Hause wurden ihr aufgetragen. Wenn sie mit ihrer Arbeit fertig war, setzte sie sich in einen Winkel oder in die Asche am Herd, und daher kam es, dass man sie im Hause Aschenputtel nannte ...

Oder lieber:

Eine Entenmutter brütete sechs gesunde Entlein aus. Das siebte Ei jedoch war größer, drum dauerte es länger, bis ein graues Küken ausschlüpfte. Die sechs Küken lernten schnell. Das siebte wirkte tollpatschig, unbeholfen und ungewöhnlich hässlich. Die Tiere verspotteten es, weil es dumm und hässlich war, und keines von ihnen wollte mit ihm spielen ...

Das ist auch schön:

Nach langem Warten bekommt ein König endlich eine Tochter. Aus Freude darüber lädt er seine Untertanen zu einem Fest, darunter auch zwölf weise Frauen. Die dreizehnte, die aus Mangel an Geschirr nicht zur Taufe der neugeborenen Königstochter eingeladen worden war, belegt das Mädchen mit einem Fluch ...

Ob »Aschenputtel«, »Das hässliche Entlein« oder »Dornröschen« ... Jedes dieser Märchen erzählt uns von Vertrauen. In dich, in treue Gefährten und in das Leben. Sei zuversichtlich, dass sich der tiefere Sinn offenbaren wird. Früher oder später, wird alles Gezanke und Gezeter, Sorgen und Nöte, Schimpf und Ärger und der böseste Zauber zeigen, warum es so und nicht anders sein musste. Alles ist gut. Und wird noch besser! Der Prinz findet schließlich das richtige Mädchen, aus dem hässlichen Entlein wird ein wunderschöner Schwan, und es kommt der richtige Zeitpunkt aufzuwachen.

Wie ein weißes Blatt Papier liegt jeder neue Tag vor dir. Greifst du nun fröhlich zu Buntstiften, Leim und Schere und gestaltest diesen Tag? Oder bist du zu müde, zu gestresst, zu dick, zu alt, zu jung, zu schwach, zu beschäftigt, um etwas zu verändern?

Wartest du lieber noch ein bisschen?

Worauf?

Schreibe dein eigenes Märchen.

TIME FOR A CHANGE – AUFGEWACHT UND RAUS AUS DEN KISSEN

Ich weiß, die Furcht vor Veränderung ist gigantisch. Sie steckt tief in uns und gaukelt uns vor, dass der gewohnte Trott Sicherheit bietet. Der Job kann uns noch so krankmachen, die Beziehung noch so sehr einengen oder die Kräfte rauben, der Mist kann bis zum Himmel stinken, aber zumindest wissen wir, woran wir sind – es könnte ja noch schlimmer kommen. Also ziehen wir lieber die Bettdecke über den Kopf? Lieber am bekannten Übel festhalten, als das Wagnis einzugehen, etwas an der Situation zu ändern? Den Spatz in der Hand oder die Taube auf dem Dach?

Lass dich nicht von den Umständen um dich herum verwirren. Ja, manchmal fühlt sich das Leben an, als würden wir in einer Duschkabine mit beschlagenen Scheiben stehen und uns nur noch im Kreis drehen, weil wir den Weg hinaus nicht mehr finden. Das ist beschissen, kommt aber vor. Umso wichtiger ist es, die Ruhe zu bewahren, darauf zu vertrauen, dass sich früher oder später eine Lösung findet – und der Sinn zwischen all dem Unsinn.

Die dunklen Tage werfen lange Schatten. Und manchmal ist es schwer, entspannt zu bleiben, offen für Möglichkeiten, frei von Erwartung, im Vertrauen, dass die Zeit eine Lösung offenbart oder eine Wunde heilen wird. Das ist eine dauerhafte Aufgabe. Am AUF-geben beißen wir uns die Zähne aus, FEST-halten gibt so viel mehr Sicherheit als LOS-lassen. Auch wenn es uns schon lange nicht mehr guttut. Gleichzeitig wirst du vielleicht feststellen, dass viele Sorgen im Nachhinein unbegründet waren. Du dir Sorgen (selbst) gemacht hast, wo es gar keine gab. Der Elefant doch eine Mücke war? Vieles, dem du ängstlich, wütend oder nervös begegnet bist, war im Nachhinein halb so wild. Vielleicht waren die wirklich tragischen Ereignisse eher seltene Ausnahmen? Vielleicht waren einige Katastrophen sogar wichtig für dich?

Meine Freundin Isabell habe ich vor einigen Jahren während meiner Arbeit als Journalistin kennengelernt. Dann verloren wir uns aus den Augen, als sie, die aufstrebende Karrierefrau, die Redaktion verließ und ich kurz darauf mit meinem ersten Kind schwanger wurde. Als wir uns sechs Jahre später wiedertrafen, hangelte sie sich gerade unzufrieden durch ihre Arbeitslosigkeit. Eine sehr bedrückende Situation für sie. Ihre Ersparnisse waren aufgebraucht. Sie wusste, sie ist gut, schlau, kompetent. Nur schienen potentielle Arbeitgeber das nicht in ihr zu sehen. Sie wusste, sie wird einen tollen Job finden mit einem schönen Büro, netten Kollegen und Aufgaben, die sie fordern. Doch wenn sie an den Schaufenstern der Modeketten vorbeiging und ihre Einkäufe im Supermarkt genau kalkulieren musste, fiel es ihr zunehmend schwer, die Hoffnung nicht zu verlieren. Ich kann mich noch genau erinnern, wie wir eines Abends nebeneinander im Auto saßen und sie vor Kummer, Wut und Ohnmacht in Tränen ausbrach. Sie ging durch ein Jammertal, schwarz, grau, düster. Kein Ende in Sicht. Körperlich fühlbare, schmerzhafte Existenzängste. Nach drei langen Jahren und etlichen Überbrückungsjobs fand sie schließlich die Anstellung ihrer Träume. Ja, es hat lange gedauert, doch rückblickend hat sie viel gelernt, und das Drama, die Durststrecke heil überstanden. Die Absagen, die anderen Jobs und Maßnahmen haben sie schließlich zu einem hübschen Büro, den netten Kollegen und diesem Leben geführt, in dem sie jeden Morgen gerne zur Arbeit geht. Heute ist sie erfolgreich, glücklich, und ihre Karriereleiter steht endlich an der richtigen Wand.

Und du? Wie oft hast du schon geweint und gebangt, dachtest im Chaos zu versinken? Und hattest Panik, weil du nicht wusstest, was die Zukunft bringen wird?

Schließ die Augen und stell dir solch eine Situation aus deiner Vergangenheit vor. Konzentriere dich auf deinen Atem. Entspann dich. Atme ein, atme aus und warte ruhig und geduldig ab, welche Bilder und Ereignisse sich zeigen – wie weit dich dein Unterbewusstsein in die Vergangenheit führt.

Was würdest du deinem Selbst von damals mit dem Wissen von heute sagen?

....
....
....
....
....
....
....

Was immer bisher passiert ist, hat dich dahin geführt, wo du heute stehst.

Alles, was du heute vielleicht als ungerecht empfindest, alles, was dir Angst macht, was eher nach Chaos als nach *deinem* Leben aussieht – du musst es *jetzt* nicht verstehen. Früher oder später findest du die Antworten. Wenn du sie heute noch nicht siehst, sei liebevoll zu dir selbst – vielleicht offenbaren sie sich dir schon morgen. Vertraue und schaue genau hin: Wozu dient es dir? Was könntest du daraus lernen?

Erkenne die Muster in dir, und wenn sie dich immer wieder auf den falschen Weg bringen: Ändere sie. Das ist Arbeit, die dir niemand abnehmen kann. Doch willst du dich vom Leben leben lassen oder anfangen, es aktiv selbst in die Hand zu nehmen? Dreh den Gedanken, dass sich erst alles andere verändern muss, bevor du dich ändern kannst, einfach um. Denn mal ganz ehrlich: Was hast du mehr in der Hand? Die Medien? Die Gesellschaft? Das Wetter? Deinen Chef? Das Herz deines Partners?

Oder deinen Tatendrang, deine Disziplin, dein Wissen, deine Souveränität, deine Gefühle? Du kannst jederzeit entscheiden, was die Welt da draußen mit dir macht. Wie du auf die jeweiligen Umstände reagierst. Beginne, von innen nach außen zu handeln. Gestalte dein Leben so, wie du dich auch um deine elementarsten Bedürfnisse kümmerst. Wann immer du durstig bist, wirst du etwas trinken, oder? Du wirst nicht nur davon träumen, etwas zu trinken, dich damit zufriedengeben, anderen dabei zuzuschauen, oder darauf hoffen und abwarten, dass irgendjemand dir ein Glas Wasser bringt. Du wirst sicher auch nicht davon ausgehen, dass der Durst von alleine verschwindet. Du wirst ein Glas nehmen, es mit Wasser füllen und deinen Durst stillen. Punkt.

So langsam kommen wir in Schwung. Spürst du es auch?

> Schüttel dich.
> Rüttel dich.
> Atme tief ein …
> … und aus.
> Recke und strecke dich.
> Und komm ins Hier und Jetzt.

Du musst nicht erst in hundertjährigem Schlaf verharren, um zu erkennen, was für ein wunderschöner Schwan du bist. Okay, vielleicht bringe ich hier die ein oder andere Geschichte durcheinander. Was ich eigentlich sagen möchte:

Es ist dein gutes Recht, sich mit dir wohl zu fühlen, gesund und glücklich zu sein … diesen Zustand zu erreichen und dann auch noch bis ans Ende deiner Tage aufrechtzuerhalten ist (d)eine Lebensaufgabe. Es kann Rückschläge geben, Widerstand, Fragezeichen. Na und?

Wenn dich wirklich etwas stört in deinem Leben, dann verändere es.
Raus aus den Kissen!

Es ist Zeit aufzuwachen.

JETZT.

SPIEGLEIN, SPIEGLEIN AN DER WAND ... – WIE MIT UNSEREN SELBSTZWEIFELN PROFIT GEMACHT WIRD

Was würde wohl passieren, wenn jede Frau sich von ganzem Herzen lieben und respektieren würde, so wie sie ist? Wenn wir morgens verwuschelt und zerknittert vor dem Badezimmerspiegel stünden – und mit uns zufrieden wären. Würden wir dann immer noch teure Kleidung, Schuhe, Taschen, Accessoires kaufen? Antifaltencreme? Parfüm? Nagellack? Make-up? Die nächste Diät anfangen? Unerwünschte Körperbehaarung entfernen? Zähne richten oder bleichen lassen? Haare färben? Ins Kosmetikstudio gehen? Oder zum Sport?

Wie oft? Wozu?

Diese Fragen beschäftigen mich schon sehr lange. Fakt ist: Wir Frauen investieren ziemlich viel Zeit und Geld in unser Aussehen. Grundsätzlich nichts Neues. Seit jeher wollen Menschen den vorherrschenden Schönheitsidealen entsprechen. Zum einen, um sich von gewissen Bevölkerungsgruppen und gesellschaftlichen Schichten abzugrenzen, und gleichzeitig, um zu signalisieren, welcher sozialen Gruppe sie sich zugehörig fühlen oder wünschten, ein Teil davon zu sein. Auch Statussymbole schenken Gruppenzugehörigkeit, helfen, uns abzugrenzen und wahrgenommen zu werden. Die vergangenen Jahrhunderte haben aber auch gezeigt, wie beliebig die meisten Trends und Ideale sind. Ich sag nur »Rubensfrauen« oder »Sonnenbräune«. Egal ob Haut, Haare oder Silhouette, häufig ist dies eine Frage eines relativ kurzlebigen gesellschaftlichen Geschmacks. Die It-Bag von heute ist morgen schon wieder von gestern. Wieso hören wir dann nicht einfach damit auf?

Weil es Erfolg verspricht. Wer in das gängige Schönheitsideal passt, dem werden automatisch weitere positive Attribute wie Gesundheit, Intelligenz, Erfolg, Fleiß und Kreativität zugesprochen. Hübsche Kinder werden in der Schule bevorzugt, bekommen bessere Noten und schließen leichter Freundschaften. Attraktive Menschen werden vor Gericht milder bestraft, haben besser bezahlte Jobs, und ihnen wird eher geholfen als unattraktiven Menschen.

schön = gut

Es hat also offensichtlich nur Nachteile, nicht dem jeweils herrschenden Schönheitsideal zu entsprechen. Logische Konsequenz: mitmachen. Um jeden Preis. Ein ganz natürlicher Überlebensinstinkt. Oder? Verlieren wir Frauen dabei nicht etwas den Blick fürs Wesentliche? Für uns selbst? Unsere individuelle Schönheit?

24 Stunden, 365 Tage im Jahr, 100 Prozent supertoll aussehen zu wollen, ist der schiere Wahnsinn. Oder wie es der ehemalige Leistungssportler Marthy Gallagher formulierte:

> Das ganze Jahr in Bestform zu bleiben
> ist der sichere Weg in die Klapse.

Superschön ist supertoll, aber sehr oft reicht tatsächlich auch natürlich schön. Anstatt unsere Weiblichkeit zu feiern, ganz entspannt auf unsere Stärken zu vertrauen, widmen wir einen Großteil unserer Aufmerksamkeit der Anstrengung, uns selbst zu übertreffen ... und verzweifeln. Mein Qigong-Lehrer sagte einmal während eines Trainings: »Da, wo ihr hinschaut, ist eure Aufmerksamkeit. Wo eure Aufmerksamkeit ist, ist eure Energie – nicht weniger als eure Lebensenergie.« Was oder wem du deine Energie widmen möchtest, liegt natürlich ganz bei dir. Schaust du auf deine Mängel oder dein Potential? Schaust du nach dem, was andere Tolles machen, oder auch wie wunderbar du selbst bist?

....
....
....
....

Was siehst du, wenn du dich betrachtest?

....
....
....
....
....
....

Und wie fühlt sich das an?

....
....
....
....

Wie definieren andere Frauen um dich herum Schönheit?

....

....

....

....

... und was macht das mit dir?

....

....

....

....

....

Wann immer wir uns gegen unsere Individualität sträuben, wächst statt Freude und Zufriedenheit Frust und Unsicherheit, vielleicht sogar Traurigkeit in uns. Halb so schlimm, schließlich lässt sich das ganz gut wegshoppen, oder? Wenn wir uns schon nicht mit uns selbst gut fühlen, dann wenigstens mit den schönen neuen Klamotten, Schuhen oder dem neuen Nagellack ... zumindest kurzfristig.

Unser löchriges Selbstwertgefühl und unsere Sucht, diese Lücken zu stopfen, machen uns Frauen zu einer zuverlässigen Einnahmequelle. Viele Industriezweige verdienen extrem gut an unseren (Selbst-)Zweifeln. Produktentwickler, Marketing-

und PR-Abteilungen von Modefirmen über Kosmetikkonzerne bis hin zur Ernährungsindustrie und zu Luxusartikelherstellern – sie alle sind freundlich lächelnd zur Stelle, um uns für jede unserer vermeintlichen Unzulänglichkeiten materielle Kompensationsmöglichkeiten anzubieten. Für jedes Problem und jedes Defizit, jeden Geschmack und jeden Geldbeutel. Der Liebeskummer, der Arbeitsfrust, die Zukunftsängste, die Eifersucht, die Figurprobleme, der Stress, Druck, Groll ... hach, all das ist kurzzeitig vergessen, wenn die Einkaufstüten voll sind, das Verpackungspapier knistert und sich unser Leben wieder frisch, duftig und schön anfühlt. Dass der Rausch schnell vergeht, das Glücksgefühl wieder verfliegt, ist Absicht und Teil des Geschäfts, denn neue Illusionen, Wünsche und Bedürfnisse werden bereits verführerisch in Szene gesetzt, so dass wir auch diese verheißungsvoll verpackten und unwiderstehlichen Dinge garantiert als »need« und »Must-have« wahrnehmen. Die Industrie ist nicht weniger skrupellos als Drogendealer. Firmen investieren viel Geld, Zeit und Wissen in der Absicht, uns zu verführen und süchtig zu machen, uns an ihre Marke zu binden. Dauerhaft. Sie sorgen dafür, dass dieses glückverheißende Konsumkarussell nie anhält, sondern weiter aufregend leuchtet und sich dreht. Wir klatschen dabei fröhlich in die Hände und glauben nur allzu gern: Wenn ich mehr habe, bin ich auch mehr wert.

Wir Frauen finden immer etwas, was wir brauchen, weil wir ja auch ständig denken, dass uns etwas fehlt. Und weil wir nicht spüren, was uns *eigentlich* fehlt, welche Lücke eigentlich auf anderer Ebene zu stopfen wäre, shoppen wir einfach immer fröhlich weiter. Nur selten kommen wir mit leeren Händen nach Hause. Tüchtig arbeiten wir, investieren wir, konsumieren wir und werden zu Objekten, zu fremdbestimmten Industriemarionetten, statt zufriedener und glücklicher. Der Neurobiologe Gerald Hüther ist der Meinung, dass wir 90 Prozent unserer Einkäufe gar nicht bräuchten, und bestätigt, dass wir meist nur einkaufen gehen, weil wir mit uns und der Welt unzufrieden sind. Sich als etwas Besonderes zu fühlen ist schwieriger, als etwas Besonderes zu kaufen. Konsum als schnelle Ersatzbefriedigung.

Wozu brauche ich die sechste Handtasche, das dritte Parfüm, die siebte Jeans? Der Kaschmirpulli, die Kuscheldecke, die duftende Badewanne schenken uns Wärme, wenn uns von innen heraus kalt ist. Leere Kalorien füllen unseren Magen, obwohl nährende Lebensenergie viel wichtiger wäre. Statussymbole schenken Gruppenzugehörigkeit, helfen, uns abzugrenzen und wahrgenommen zu werden. Gründe gibt es viele, und ja, der neue Pulli kann in Momenten der Frustration – über den Job, die Beziehung etc. – sehr tröstlich sein, auch ein hübsches Kleid oder tolle Schuhe. Nur wie lange? Wie hilfreich ist es wirklich? Ist es nicht eher so, dass diese »Trostpflaster« noch mehr Stress verursachen, weil sie letztendlich auch recht kostenintensiv sind? Nur weniges davon macht unser Leben wertvoller. Vielmehr setzt es das Hamsterrad in Schwung, um diese Kosten auch tragen zu können. Eine Last, die belastet. Und schon handeln wir wie der Hund, der sich vergeblich versucht in den Schwanz zu beißen. Irgendwie unterhaltsam und zeitvertreibend, aber sehr aufreibend. Wie sollen wir denn so eine Lösung finden?

Da hilft nur eins:

Innehalten.
Durchatmen.
Aufhören, zu jagen
und zu hetzen
und
zu hecheln.

! AN-HAL-TEN !

Ich weiß: Es ist so schwer zu widerstehen! Inspiriert durch einen Freund, wollte ich ein Jahr lang kein einziges Kleidungsstück kaufen, keine Schuhe, keine Jacke, nichts dergleichen. Und was soll ich sagen? Es war hart, und ich bin kläglich gescheitert. Schon nach wenigen Wochen zum saisonalen

Mal ehrlich: Da schaust du doch auch zweimal hin, oder? Dieses Schild macht uns Frauen ganz verrückt. Schnäppchenjagd ist noch besser als shoppen. Mit jedem Rabatt tanzen die Glückshormone. Auch bei mir. Die Angebote waren einfach zu verlockend, ich konnte nicht widerstehen. ABER: Ich habe in

diesem Jahr zumindest deutlich weniger gekauft. Einfach weil ich angefangen habe zu hinterfragen, ob ich dieses oder jenes gerade *wirklich* brauche. Ein erster Schritt in die richtige Richtung. Dabei habe ich allerdings festgestellt, dass der verminderte Konsum Auswirkungen auf meinen Qualitätsanspruch hat. Wenn ich mir schon weniger gönnte, sollte das dann wenigstens von hoher Qualität sein, langlebig. Grundsätzlich ein vernünftiger Ansatz – fand ich. Allerdings bin ich damit gleich in die nächste Falle getappt: Die Markenliebe. Hochpreisiges nehmen wir automatisch auch als hochwertiger, wertvoller wahr: »Weil ich es mir wert bin.« Aus »Freude am Fahren.« »So isst man heute.« Marken stiften ein Lebens- und Zugehörigkeitsgefühl.

Firmen arbeiten hart daran, »Lovebrands« für ihre Kundinnen zu werden, eine Marke, mit der wir uns voll und ganz identifizieren. Dafür muss die Marke sich deutlich von den Konkurrenzprodukten absetzen, und das nicht nur faktisch, sondern vor allem emotional.

DIE Marke. Für immer. Sind wir einmal angefixt, sollen wir mit unserer Leidenschaft auch unsere Umgebung – unsere Freundinnen, Kolleginnen und Bekannten – anstecken. Und das machen wir dann auch. Allzu gerne. Schließlich glauben wir ja gerne daran, mit diesem Einkauf, mit diesem Produkt uns etwas Gutes zu tun, mit der angesagten, teuren Jeans auch gleichzeitig das dazugehörige Lebensgefühl zu erstehen.

Okay, nur solange die Konfektionsgröße stimmt. Eine weitere Baustelle. Dreißigergrößen fühlen sich einfach besser an als Vierziger, stimmt's? Nun sind wir heute im Durchschnitt aber größer und kräftiger, als es noch unsere Eltern und Großeltern waren. Hersteller und Händler beauftragten 2007 die Forscher der Hohenstein-Institute mit dem Projekt SizeGERMANY. Männer, Frauen und Kinder zwischen 6 und 87 Jahren wurden mit Laserscannern vermessen. 2009 dann das Ergebnis: Die Durchschnittsfrau hat, im Vergleich zu den Messungen von 1997, einen gut vier Zentimeter größeren Taillenumfang. Wollen wir das wissen? Nein. Wir wollen nach wie vor kleine Konfektionsgrößen kaufen und uns zart und zierlich fühlen. Damit die Konsumentin weiterhin glückselig aus der Umkleidekabine direkt zur Kasse taumelt, hat die Textilindustrie konsequenterweise die Konfektionsgrößen nach unten korrigiert und unseren heutigen Körperformen angepasst.

Es geht um sehr viel Geld, und die Konkurrenz schläft nicht. Sich vergebens in frühere Idealgrößen zu quetschen, ist Grund genug, zur »passenderen« Marke oder Handelskette zu wechseln. Bleibt jedoch die Frage: Warum fällt es uns so schwer, unsere tatsächliche Größe zu (er-)tragen? Warum wollen wir selbst eine 36/38 auf dem Etikett stehen haben, können gleichzeitig jedoch die Facetten und Formen anderer Frauen wertschätzen? Wozu kämpfen wir so hart mit uns selbst? Wenn H&M mit überlebensgroßen Bikini-Schönheiten an jeder Bushaltestelle für die neue Bademode wirbt, macht sich in vielen Frauen die Lücke wieder bemerkbar. Dann geht es nicht um die Textilien, sondern um den flachen Bauch, die schlanken Beine, die schöne Oberweite, die Perfektion, das Ideal, die Frau, die sie sein könnten. Knackig, frisch, vital, jung und strahlend schön, so kann Frau aussehen. Soll deswegen jede Frau so aussehen? Ein weiterer Geschäftszweig schreit laut »jawohl!«: die Fitnessbranche. In den vergangenen zehn Jahren hat sich allein die Anzahl der Mitglieder in Fitnessstudios verdoppelt. Über neun Millionen Menschen sporteln mehr oder weniger aktiv in einer der rund 7300 Fitnessanlagen Deutschlands. Sind die Menschen deswegen schlanker? Gesünder? Zufriedener? Ich fürchte nicht, und genau von diesem permanenten Optimierungszwang (wenn ich doch nur endlich schöner, schlanker, sportlicher wäre, wäre ich bestimmt auch zufriedener) profitieren die Fitnessstudios. So ein Studio kostet – Miete, Strom, Wasser, Geräte, Personal. Das muss auch erst einmal wieder reinverdient werden. An Spaziergängen im Freien, dem kostenlosen Durchatmen, dem Wohlfühlabend auf dem Sofa oder den morgendlichen Liegestützen mit der Freundin im Wald verdient natürlich niemand etwas. Ganz sicher aber an speziellen Programmen und Diäten für Frauen, von Experten, die viel besser als wir selbst wissen, was gut für uns ist. Fitnessstudios leben davon, dass Menschen sich permanent optimieren wollen, nicht mehr als rundlich, dick oder unattraktiv wahrgenommen werden möchten. Sie verkaufen Konzepte, keine Gesundheit, auch kein Glück oder Zufriedenheit. Natürlich muss dann auch noch ein extra Trainingsoutfit her. Indoor oder Outdoor, Laufen, Pilates oder Yoga, Zumba & Co – Sport ist eben nicht gleich Sport. Nicht zu vergessen die neue Pulsuhr oder Yogamatte. Und schon dreht sich das Bedürfnis-Karussell weiter und lässt auf der Anbieterseite die Kassen klingeln. Dass die meisten Menschen mit den teuren Studiobeiträgen eher ihr schlechtes Gewissen beruhigen, als tatsächlich etwas in ihre Gesundheit zu investieren, ist Teil des Geschäfts. Dass die farbigen Leggins und die neuen Turnschuhe keinen gesunden Körper zaubern, ebenfalls.

Sport und Bewegung sind großartig. Wir Menschen sind für Bewegung geschaffen. Das Leben ist Veränderung, wer beweglich bleibt, stark und in Balance, kann diese Herausforderungen leichter meistern. Keine Frage. Auch ich sehe meine Aufgabe darin, die Menschen wieder zurück in ihren Körper zu führen. Doch die Betonung liegt auf »ihren« Körper – unabhängig von Konfektionsgrößen. Eine Reise, die sehr individuell ist und weniger fordert, als die meisten denken – an Zeit und an Geld.

Auf sich und seinen Körper zu achten kann ein wunderbares Ritual sein. Doch machst du es wirklich für dich, oder zählt »nur« die Außenwirkung? Möchtest du für dich schön sein oder für die anderen? Für wen eigentlich?

Vorsicht, wenn das Ego sagt: Ich bin, was ich habe. Ich bin, was du siehst. Wenn du dich nur über deinen Besitz, über materielle Dinge, definierst – dein Designerkleid, deine teure Sonnenbrille, deine Handtasche(n), deine High Heels, deine Wohnung, dein Auto – was passiert mit dir, wenn dieser Besitz nicht mehr da ist?

....
....
....
....

Worüber definierst *du* dich?

....
....
....
....
....
....
....
....
....
....

LOVE YOURSELF

Vielleicht wird es für dich noch etwas klarer, wenn wir vom Ende her denken: Was würdest du dir als Trauerrede an deinem Grab wünschen? »Sie hatte immer so schicke Schuhe, eleganten Schmuck und ausgewähltes Interieur?« Oder lieber:

....
....
....
....

Was für eine Beziehung hast du zu deinem Körper? *Bist* du dein Körper? Oder lebst du eher nach dem Motto: »We are not our bones, we are not our skin, we are the soul that lies within.«?

....
....
....
....

Wenn ich in den Spiegel schaue dann ...

....
....
....
....

Ich mache Sport, weil ...

....
....
....
....

Ich mache keinen Sport, weil ...

....
....
....
....

Wirklich glücklich macht mich ...

Wenn wir beginnen, darüber nachzudenken, was uns glücklich macht, was wir wollen und wer wir sind, kommen wir uns selbst und damit auch den Lücken in uns immer näher.

Was fehlt dir? Was versuchst du durch Konsum zu kompensieren?

....
....
....
....
....

Kannst du ein Shopping-Muster bei dir erkennen? Zu welcher Zeit bist du besonders anfällig für welche Produkte?

....
....
....
....
....
....
....

Was könntest du daran ändern?

....
....
....
....

Wer könnte dir dabei helfen?

....
....
....
....

Du hast die Wahl: Springst du auf das Konsumkarussell oder fängst du an, dich für einen anderen Weg zu entscheiden? Was für ein Weg könnte das sein?

....
....
....
....
....
....
....

NOBODY IS PERFECT – SO BE NOBODY?

Perfektion gibt es nicht.
Danach zu streben ist Nonsens.
Kapitel abgeschlossen.
Fertig.

Wir nicken brav mit dem Kopf und klopfen uns beruhigend auf die Schulter.

Tja, so leicht ist das leider nicht. Denn schon bei der nächstbesten Gelegenheit werden wir direkt wieder über Perfektion stolpern. Vollkommenheit, egal, wohin wir schauen. Bei uns selbst? Eine Lücke. Mindestens, vielleicht sogar zwei bis drei.
Scheinbar können wir nicht anders, als 1) permanent nach rechts und links und vorn und hinten, oben, unten schauen und uns mit anderen zu VERGLEICHEN!
Und 2) nie die INNERE MECKERTANTE auszuschalten, die immer gleich losgackert, wie unzulänglich und unvollkommen

wir sind; wie viel wir noch zu lernen haben; was wir doch für ein hässliches Entlein sind, im Vergleich zu diesen wunderschönen Schwänen um uns herum!

Egal, wie oft wir hören, Fehler machen sei doch menschlich und Makel haben nicht weiter schlimm, überlassen wir die Fehler, Makel und Schwächen und auch die Nachlässigkeit gerne den anderen und streben selbst heimlich weiter nach Perfektion, nach Anerkennung, nach Wertschätzung. Das mag für einige sogar ein wunderbarer Motor sein, sich weiterzuentwickeln und immer (noch) besser zu werden. Das Problem ist nur, dass wir dadurch permanent gestresst sind. Uns selber stressen. Schlimmstenfalls perfektionieren wir so einen Burn-out. Denn egal, wie sehr wir an uns arbeiten, es wird immer eine Kollegin geben, die den Job und ihr Familienleben leichter wuppt, eine Freundin, die schlanker ist, oder eine ehemalige Klassenkameradin mit dem dickeren Bankkonto. Von den makellosen Berufsschönen mal ganz abgesehen, wird es immer Menschen um uns herum geben, die uns unsere eigene Unzufriedenheit vor Augen halten. Die das Leben leben, das wir auch so gerne hätten. Perfekt sein zu wollen ist unser täglicher Kampf. Unser permanenter Anspruch. Das wir eigentlich schon längst perfekt sind, ist fast zu schön, um wahr zu sein, oder?

Woran liegt das? Den meisten von uns wurde von klein auf eingetrichtert, dass wir – so wie wir sind – nicht genug sind: nicht schön genug, nicht fleißig genug, nicht nett genug. Also haben wir gelernt, uns anzupassen, für andere da zu sein und immer unser Bestes zu geben. In der Hoffnung, wahrgenommen, gemocht und geliebt zu werden. Wir haben unser Glück und unsere Selbstliebe von der Meinung anderer Menschen abhängig gemacht und uns selbst dabei zunehmend aus den Augen verloren, inklusive der Liebe und des Vertrauens zu uns. Und jetzt? Jetzt fühlen wir uns mangelhaft, definieren uns primär über die Zuneigung von »außen« und glauben tatsächlich: Wer perfekt ist, wird geliebt. Je perfekter wir sind, desto mehr Menschen lieben uns. Eigentlich würde ja ein Mann reichen. *Der* Mann fürs Leben. Aber nur einem einzigen Mann gefallen? Hört sich irgendwie nach Mangelwirtschaft an. Lieber zwei Männer begeistern oder besser drei bis vier, sicher ist sicher. Dieses »Sicher ist sicher« leben wir auch in anderen Bereichen. Also geben wir Gas, setzen uns unter Druck und andere gleich mit. Die Meckertante in unserem Kopf ist da nicht zimperlich und zu jedem knallhart. Doch die Messlatte wächst mit, und beständig scheitern wir an unseren eigenen Ansprüchen. Die schönen Frauen um uns herum bleiben schöner. Die erfolgreichen bleiben erfolgreicher. Die glücklichen bleiben glücklicher. Die Makellosen makelloser. Du fühlst die Unzufriedenheit, die Lücke in dir und bekommst an jeder Ecke diesen Mangel bestätigt:

Traumfrauen sind immer die anderen.

Na gut, sei froh, dass du so hässlich bist. Vollkommene Perfektion, Schönheit, ist für eine Frau sowieso schwerer zu ertragen als Hässlichkeit.

Was?
Wie bitte?
So ein Quatsch!
Wirklich?

Wenn ich zwanzig Frauen frage: Findet ihr euch hässlich?, werden neunzehn davon mit »nein« antworten. Frage ich dieselben zwanzig Frauen, ob sie sich schön finden, antwortet – wenn überhaupt – eine von ihnen mit »ja«.

Na bitte.

Sie können gar nicht anders antworten, weil sie sich einfach nicht schön fühlen (und mit schön, meine ich so viel mehr als nur attraktiv). Wenn dein Unterbewusstsein in den ersten sieben Lebensjahren nicht die Erfahrung gemacht hat, wie es sich anfühlt, perfekt zu sein, wunderschön zu sein, Vertrauen zu haben, trotz seiner Fehler wertgeschätzt zu werden, im Luxus zu leben und immer aus Fülle schöpfen zu dürfen, kann es sein, dass dir das Gefühl fehlt. Höchste Zeit, diese Lücke(n) zu schließen, dich für dieses Gefühl zu öffnen. Es ist wichtig, nicht nur zu *glauben*, dass du perfekt bist, sondern es auch zu *fühlen*. Mit jeder Zelle deines Körpers! Unser Unterbewusstsein unterscheidet nicht zwischen guten oder negativen Gefühlen, sondern nur zwischen »intensiv« und »geht so«. Und weil intensive Emotionen für dein Unterbewusstsein etwas ganz extrem Spitzenmäßiges sind, wird es dir auch immer wieder helfen, dies zu empfinden. Fühlst du dich also sehr hässlich, schwach, ungeliebt, arm oder dick, wirst du auch immer Gründe für diese

Gefühle finden. Das ist das Gesetz der Resonanz, was nichts anderes besagt, als dass wir alles und alle mit der gleichen Schwingung anziehen – wie Magnete. Deshalb sehen wir plötzlich überall Schwangere, wenn wir uns mit der Familienplanung beschäftigen. Oder *die* Boots an anderen Frauen, die wir doch selbst gerade so verzweifelt in allen Geschäften suchen. Oder hören scheinbar an jeder Ecke, jeden über ein und dasselbe Thema diskutieren, das – hoppla – momentan auch unseren Geist fesselt. »Ein Unglück kommt selten allein«, »Der Teufel scheißt immer auf den größten Haufen«, »Wie du in den Wald hineinrufst, so schallt es zurück«, Redensarten, die wir alle kennen und die nur bestätigen: Wo du dich gerade so intensiv mit Perfektion beschäftigst, zeige ich dir gern noch mehr davon. Und da du ja der festen Überzeugung bist: Perfektion gibt es nur bei anderen – et voilà –, zeige ich sie dir natürlich nur bei anderen.

Was würde denn zum Beispiel passieren, wenn du eine perfekte Schönheit wärst? Die Männer würden bewundernd schauen, manche würden dich vermutlich begehren. Einige nur theoretisch, andere würden ganz aktiv um deine Zuneigung kämpfen. Einige nur kurz, andere ausdauernder. Möchtest du das? Jede Frau kennt dieses Gefühl, an einer Baustelle vorbeizugehen und von den Männern begafft und bewertet zu werden.

Wie fühlt sich das an, wenn die Bauarbeiter oder Autofahrer dir hinterherpfeifen?

....
....
....
....

Wie geht es dir, wenn sie nicht auf dich reagieren?

....
....
....
....

Willst du wirklich perfekt sein? Wozu? Für wen?

....
....
....
....

Was ist die andere Seite von Perfektion? Ein Niemand zu sein?

Die Angst, ein Nichts zu sein, zählt zu unseren Urängsten. Aber sorge dich nicht, du bist. Und zwar so viel mehr, als du glaubst, so viel mehr als du siehst oder auslebst. Und doch bist du gut, genau so wie du heute bist. Und morgen? Ist ein neuer Tag, ein neues Learning. Der Wunsch nach Wachstum und Weiterentwicklung wurde uns quasi vorgeburtlich initiiert, zusammen mit dem Wunsch nach Verbundenheit. Beides waren unsere ersten Erfahrungen im Mutterleib, und beides wollen wir auch weiterhin leben: Wachstum und Verbundenheit, persönliche Weiterentwicklung und Nähe zu anderen Menschen.

Nicht alles zu wissen, nicht alles zu können ist eigentlich ganz toll. Heißt es doch vor allem: Du bist noch nicht fertig. Nach oben ist noch Luft. Es ist noch nicht vorbei. Lerne und wachse weiter! Das ist super. Stärke dich und deinen Körper und achte dabei stets auf deine Gedanken. Gedanken sind Energie. Kämpfst du gegen die Perfektion, schickst du nur noch mehr Energie in diese Richtung. Kümmerst du dich um dich, wirst *du* stärker. Du bist toll. Und darfst noch besser werden.

Was wäre denn, wenn:

Du erfolgreich wärst?
Im Job aufsteigst?
Deine Firma wächst?
Du dein Hobby endlich zum Beruf machst?
Auf der Straße erkannt wirst?
Glücklich verheiratet bist?
So viel Geld zur Verfügung hast,
dass es einfach kein Thema mehr ist?

Wärst du dann perfekt und glücklich? Oder müsstest du dann immer noch:

- Xy besitzen?
- Xy lernen, erreichen, erobern, erkämpfen, erarbeiten?
- Mehr für dein Aussehen tun?

... und bist du *dann* perfekt und glücklich? Endlich? Oder dreht sich die Spirale unermüdlich weiter? Wächst deine Messlatte noch höher? Nimmst du damit jemandem etwas weg oder ist genug für alle da?

Es wäre so viel schöner, leichter und effektiver, wenn wir uns alle so lassen könnten, wie wir sind. Statt in Perfektionsgraden, lieber in individuellen Stärken und Schwächen denken könnten. Ohne diesen negativen Beigeschmack der Selbstoptimierung, der enormen Selbstkritik und des Maximierungszwangs. Zeit, die Bremse zu ziehen. Du brauchst keinem perfekten Bild zu entsprechen, sondern darfst vollkommen du selbst sein und dies auch ausstrahlen.

LASS DIE WELT AUSSEN VOR – FINDE DEIN INNERES ZUHAUSE

Im Qigong gibt es eine wunderbare Meditation, die mir gezeigt hat: Es gibt ein Innen und ein Außen. Die Welt um mich herum und meine innere Welt, bestehend aus Bildern, Emotionen und Gedanken. Awakening Awareness – erwachendes Bewusstsein – heißt diese Meditation und funktioniert in drei Teilen.

Du setzt dich bequem hin. Wenn du bereits Erfahrung mit Meditation hast, dann geh direkt in eine Position, die für dich gut funktioniert.

Wenn nicht, dann setze dich vielleicht zunächst in den Schneidersitz (auf ein Kissen?) oder auf einen bequemen Stuhl oder lege dich einfach auf den Boden, das Bett oder die Couch. Ich weiß, es gibt zahlreiche Meditationsformen, Lehrer, Gurus, die Wert auf *die* Meditationshaltung legen. Der richtige Ort oder die perfekte Haltung können sehr hilfreich und unterstützend sein, aber der schönste Schneidersitz ist manchmal machtlos gegen deine Gedanken an die Einkaufsliste, den Streit mit der Kollegin, all die Grübeleien über stressige Situationen und Belanglosigkeiten, die immer wieder deinen Geist in Beschlag nehmen. Viel wichtiger finde ich daher, es dem Körper zunächst gemütlich zu machen und sich auf die Intention zu konzentrieren, die du mit der Meditation verbindest.

Was willst du damit erreichen?
Welche Antworten möchtest du finden?
Was erfahren? Erleben? Sehen? Spüren? Wissen?

Meditation ist kein esoterischer Humbug, sondern in erster Linie eine hocheffektive Möglichkeit, den Zugang zu dir selbst zu finden und zu trainieren.

Okay, neugierig?

Mach es dir bequem und atme erst einmal tief durch. Stell dir vor, wie du mit jedem Einatmen neue Energie aufnimmst, mit jedem Ausatmen lässt du allen Stress los, negative Gedanken und Gefühle. Und dann:

Nimm mit offenen Augen deine Umgebung, die äußere Welt, wahr. Schau dir die Farben und Formen um dich herum an, achte auch auf die Temperatur, die Geräusche und Gerüche. Nimm alles wahr, was um dich herum ist.
Lass dir so viel Zeit, wie du dafür brauchst.
Dann nimm mit geschlossenen Augen deine innere Welt wahr. Was sind hier für Bilder, Farben, Formen, Emotionen und Gedanken?

Lass die Augen geschlossen und konzentriere dich nun wieder auf die äußere Welt. Nimm mit geschlossenen Augen wahr, was außen um dich herum geschieht.

Dann öffne die Augen und nimm mit offenen Augen deine innere Welt wahr. Was fühlst du, was siehst du, was passiert in dir?

Und nun nimm mit geöffneten Augen die innere und äußere Welt wahr.

Dann schließt du die Augen wieder und nimmst mit geschlossenen Augen Innen und Außen wahr.

Dann lass alle Erfahrungen aus beiden Welten los. Was bleibt, ist das Bewusstsein und die Erkenntnis, dass dieses erwachende Bewusstsein deine eigentliche, deine wahre Natur ist.

Lass dir für jeden einzelnen Schritt so viel Zeit, wie du brauchst. Wenn du diese Meditation regelmäßig machst, wird sich nach einiger Zeit deine Wahrnehmung verändern. Sei offen. Für alles.

Vor allem für die Erfahrung von innen und außen. Bevor ich angefangen habe zu meditieren, reagierte ich häufig nur auf das Außen. Was gab's denn da auch großartig in sich hineinzuschauen? Zeit abzusitzen? Vor sich hin zu lächeln?
In unserer Kultur sind wir auf Effizienz und Effektivität gepolt. Darauf, optimal zu funktionieren. Höher, schneller, wei-

ter, immer weiter. Zu dieser Anforderung kommt eine extrem hohe Reizdichte, mit Informationen, Meinungen, Kritiken und vermeintlichen Wahrheiten, ununterbrochen, zu anscheinend allem, aus aller Welt. Ein stetiger Informationsregen, der von allen Seiten 24 Stunden, sieben Tage die Woche auf uns hinabprasselt, uns in den Ohren rauscht, die Herzfrequenz antreibt und den Blutdruck erhöht. Es fällt uns schwer, uns davon zu distanzieren, fühlt es sich doch oft so an, als müsste uns das alles etwas angehen, als könnten wir etwas Wesentliches verpassen, als würde unser Leben davon abhängen, als wären innen und außen ein und dasselbe. Was von außen auf uns einstürmt, verschmilzt mit dem, was wir innerlich fühlen. Oder verschmelzen unsere Gefühle mit dem, was um uns herum geschieht? Wir sind extrem beeinflussbar. Folgen wir unseren inneren Bedürfnissen? Oder reagieren wir nur noch auf äußere Anforderungen?

Bin das ich, oder sind das die anderen? Je nachdem worauf gerade unser Fokus liegt – auf Karriereplanung, Jobwechsel, Partnerschaft, Familiengründung –, finden wir es garantiert in diesem »Außen« wieder. So schwingen wir. So sehen und erfahren wir immer wieder, was unsere derzeitige Energie ist. Aber wollen wir wirklich noch mehr arbeiten? Die nächste Stufe auf der Karriereleiter nehmen? Wollen wir wirklich (noch) ein Kind? Oder heiraten? Oder die Welt erkunden? Machen wir einfach nur mit, oder folgen wir unseren inneren Bedürfnissen? Gehen wir unseren eigenen Weg, oder entsprechen wir äußeren Erwartungen? Meist sind in diesem »Außen« sehr viele Unterschiede und leider auch Hierarchien. Trennung statt Verbindung. Nun ist Verbindung jedoch eines unserer Grundbedürfnisse. Wenn wir unsere inneren Bedürfnisse nicht ernst nehmen, holen sie uns irgendwann ein. Außen und Innen beginnen sich heftig aneinander zu reiben. Jeden Tag haben wir die Wahl: Wir können unser Glück von äußeren Dingen und anderen Menschen abhängig machen, im Außen suchen oder in uns selbst finden. Jede von uns ist auf die Erde gekommen, um zu lernen und ihren ganz individuellen Weg zu gehen. Dafür sind wir mit den passenden Fähigkeiten ausgestattet. Versuche ich jedoch, allen zu gefallen oder den Weg einer anderen Person zu gehen, kann ich nur scheitern. Je mehr du dich von dir selbst entfernst, desto unzufriedener wirst du. Finde heraus, was dich antreibt, was dich auszeichnet und was sich lohnt auszubauen und zu vertiefen und was die passende Bühne dafür sein könnte.

Wo willst du wie agieren?

....
....
....
....
....
....
....

Sich diese Fragen zu stellen ist nichts anderes als ein Wohnungsputz. Einerseits sind wir froh und dankbar darüber, dass wir ein Zuhause haben, in das wir uns zurückziehen können, doch wenn wir uns nicht darum kümmern, es pflegen und putzen, wird's schmuddelig und ungemütlich. Viele von uns lieben die frische Bettwäsche, den aufgeräumten Kleiderschrank, ein blitzblankes Badezimmer, eine krümelfreie Küche mit vollem Kühlschrank, doch die wenigsten mögen die Arbeit, die damit verbunden ist. Das Putzen und Waschen, Aufräumen und Wegsortieren, Staubsaugen und Mülltrennen. Wer das eine will, muss das andere mögen. Meine Freundin Sibylle sagt immer: »Wer Schnitzel will, muss Schweine schlachten.« Pflege dein wahres Selbst, diesen Ort in dir, dein innerstes Zuhause, regelmäßig, um das Spiel des Lebens da draußen kraftvoll und freudig mitspielen zu können.

Wie fühlt sich das heute für dich an – außen und innen?

....
....
....
....
....
....

BAUCHGEFÜHL – VERTRAUE DEINER INTUITION

Wir Frauen sind mit einer ausgezeichneten Intuition, mit Kreativität, Empathievermögen und Kommunikationsgeschick ausgestattet. Wir spüren sehr fein, schnell und genau, was um uns herum geschieht. Hochempfindliche Antennen zeigen uns den Weg, lassen uns Dinge wahrnehmen und Zusammenhänge begreifen, die den meisten Männern verschlossen bleiben. Was wir häufig als verwirrenden Weiberkram, weich und irrational empfinden, ist ein unglaubliches Geschenk. Solltest du dich gerade wundern, wovon ich rede, kommt dir vielleicht folgende Situation bekannt vor: Du bist auf einer Party und spürst, wie eine fremde Frau dich beobachtet – leider nicht besonders freundlich, sondern eher abschätzend. Das Fragezeichen in deinem Kopf verschwindet in dem Moment, in dem du feststellst, dass der Mann, dem du soeben so freundlich zur Begrüßung die Hand gereicht hast, *ihr* Mann ist. *Er* hat noch nicht einmal richtig abgespeichert, wie du heißt, da hat sie schon längst die Sympathie zwischen euch wahrgenommen.

So schnell, wie wir Zusammenhänge, Stimmungen oder mögliche Gefahren erfassen, so unsicher sind wir aber auch im Umgang mit diesen Fähigkeiten. Kaum spricht die innere Stimme, sendet der Bauch Signale, beginnt die Stimme im Kopf dazwischenzuschnattern. Gerne so etwas wie: »Bildest du dir das nicht ein? Hast du Beweise? Kannst du deinem Gefühl wirklich trauen?«

Natürlich ... traut sich nur kaum jemand. Denn gerade auf die rationalen Denkprozesse, die alleinige Herrschaft unseres Gehirns, auf das Anhäufen von Wissen wird in unserer Gesellschaft so großer Wert gelegt. Alles Logische, Messbare, Rationale und Überprüfbare ist akzeptiert und wertgeschätzt, andere Wissensformen werden häufig als unglaubhaft oder primitiv abgetan:

Fühlen ≠ Wissen!

... also haben wir uns diesen »Weiberquatsch« abtrainiert oder ausgetrieben bekommen und finden die innere Stimme, das Bauchgefühl, unsere Emotionen, meist irritierend, peinlich bis beängstigend und wenig hilfreich. Wie? Du hast nur so ein Gefühl? So kann man doch keine Entscheidung treffen!

DOCH! UNBEDINGT!

Uns fehlen schlichtweg positive Erfahrungen mit der inneren Stimme, Erfolgserlebnisse. Momente und Situationen, in denen wir ihr nachgegeben haben und damit richtig lagen. Wo aus einem Gefühl eine Gewissheit wurde.

Doch auch unser Verstand quasselt ziemlich oft unqualifiziert dazwischen, auch er hat seine Berechtigung. Schließlich gibt es einen signifikanten Unterschied zwischen Vertrauen und Dummheit. Lebe groß, liebe leidenschaftlich, aber trotzdem: Kopf einschalten. Fühl viel und denk mit. Herz und Verstand haben beide großartige Qualitäten, die umso mehr zur Geltung kommen, wenn sie harmonisch zusammenarbeiten. Sich gegenseitig ergänzen statt miteinander in Wettstreit zu treten.

Es gibt so viele Situationen im Leben, in denen wir uns verwirrt fragen oder sogar voller Wut hinausschreien möchten:

*Wohin steuert das Schiff,
und wieso bin ich nicht der Kapitän?*

*… weil wir das Gefühl haben, uns im Kreis zu drehen und
die Kontrolle zu verlieren.*

*… weil sich das Leben eben manchmal
ungerecht anfühlt.*

*… weil sich einfach kein Licht
am Ende des Tunnels zeigt.*

*… weil wir nicht wissen, was unser Weg und unsere
Aufgabe in diesem Lebens(abschnitt) sein könnte.*

*… weil wir in einem Tränenmeer versinken
und nicht wissen, wie lange wir noch
den Kopf über Wasser halten können.*

Wir sind einfach nur traurig und wütend. Doch gerade in solchen Momenten hilft es, sich (wieder) auf sich selbst und seine innere Stimme zu besinnen.

Wenn du reinen Herzens bist, findest du Gelingen.

So ist es. Das sollte unser Maßstab sein, unser Kompass für unseren Lebensweg. Und nun Hand aufs Herz: Wenn es antworten könnte, was würde dein Herz wohl sagen?

Hast du immer auf dein Herz gehört?

....
....
....
....

Wann, in welcher Situation oder in welchen Situationen hast du dich gegen dein Herz entschieden?

....
....
....
....

... und wie hat sich
das angefühlt?

Hast du genug geliebt? (Heute? Gestern? Letzte Woche? Letztes Jahr?)

Unser Körper funktioniert am besten, wenn er mit Geist und Seele im Einklang schwingt. Kinder zeigen uns sehr gut, wie das funktioniert. Sie sind noch ganz bei sich, in ihren Emotionen und unbewussten Bedürfnissen. Auf Spielplätzen können wir beobachten, wie Eltern dann jedoch ihren Kindern mit Keksen oder Schnullern die aufkommenden Emotionen abwürgen, sie regelrecht zustöpseln: »Hier, hast du einen Keks. Nun sei still«, »Is(s) schon gut! Hör auf zu weinen!« Oh, nein! Vermutlich fühlt sich das Kind tatsächlich ganz schrecklich. Der weltschlimmste Weltschmerz. Und der muss raus. Wo soll er denn sonst hin? Kein Wunder, dass sich so viele von uns vor Konfliktsituationen scheuen. Schon früh wurde uns eingetrichtert, dass wir lieber lieb und ruhig zu sein haben und unsere negativen Gefühle wie Wut, Angst und Aggression unterdrücken sollen. »Reiß dich zusammen!«, heißt es dann. Anstatt unsere Meinung zu sagen oder unsere Bedürfnisse zu artikulieren, damit auch mal anzuecken oder eine kontroverse Diskussion auszulösen, halten wir uns häufig lieber zurück. Wie damals als kleine Kinder, haben wir schließlich auch als Erwachsene Angst, abgelehnt und abgewiesen zu werden, anzuecken, unbequem zu sein. Auch die eigene Wut macht Angst, weil wir nicht ausreichend gelernt haben, unsere Aggression zu kultivieren. Manchmal sind wir eben wütend, traurig oder zornig. Und dann? Ja, was dann? Diese andere, hässliche Seite, ist auch ein Teil von dir und daher wichtig für dich und deine Entwicklung. Anschauen ist besser als wegschieben. Integrieren statt abgrenzen.

»Sei nicht so egoistisch« ist auch so ein Satz! Eigentlich meint er nur Gutes: nämlich mitfühlend, empathisch und liebevoll mit seinen Mitmenschen umzugehen. Wunderbar! Doch in der

Regel bezieht er sich leider auf Situationen und Momente, wo jemand endlich seine eigenen Bedürfnisse ernst nimmt. Vor allem wir Frauen gelten schnell als egoistisch, wenn wir es uns gutgehen lassen, wenn wir Spaß haben und das machen, worauf wir gerade Lust haben. Handeln wir jedoch nur noch aus gefühlten Verpflichtungen heraus, macht uns das unglücklich. Wir fühlen uns fremdbestimmt. Die Folge: Ärger, Frust und Wut, und es macht uns krank. Und dick. Häufig will uns der Körper helfen und speichert die negativen Gefühle wie Zorn und Stress auf den Hüften und Schenkeln. Er polstert uns ab, macht uns dick-häutig gegen die Welt da draußen.

Viele Menschen finden nur schwer einen Mittelweg zwischen Geben und Nehmen. Rücksichtslos und egoistisch kollidiert mit aufopfernd und selbstlos. Beides keine sehr gesunden Wege. Wer sich intensiver mit Meditation beschäftigt, wird vermutlich gesehen und erfahren haben, wie die Tränen der Meditierenden fließen, wenn es darum geht, das Herz eben nicht nur für andere zu öffnen, sondern auch für sich selbst. Herzöffnen – so ein großes Thema. Gleiches gilt für die Lunge: im Austausch sein. Einatmen *und* ausatmen. Eine Balance finden zwischen Nehmen und Geben – Materielles genauso wie Energie und Emotionen, Freiheit.

Was ich damit sagen möchte:

Unsere innere Stimme, unsere Gefühle sind wichtig.

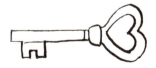

Sie sind ein machtvoller Kompass zu uns selbst und zeigen uns sehr deutlich, was uns guttut, was wir wollen und wie wir ticken.

Und was machen wir mit der ANGST, der UNSICHERHEIT und der WUT? Dauerhaft?

Meditieren? Mir hilft es sehr. Jeder kann meditieren. Es ist nur eine Frage der Übung. Wie Liegestütze, kann auch jeder, wird nur selten geübt – zumindest von uns Frauen. Also egal, ob du gerade sitzt, liegst, stehst:

Schließ kurz die Augen, atme tief ein und aus, entspann dich. Stell dir vor, wie all die Anspannung von Körper und Geist abfällt und du auf den Grund eines glasklaren Bergsees sinkst. Du kannst mühelos weiter ein- und ausatmen und denkst: NICHTS. Es wird unweigerlich ein Gedanke angeschlichen kommen. Dann stecke ihn in eine Luftblase, lass ihn zur Wasseroberfläche aufsteigen, schau dir an, wie er in Luft aufgeht, und komm wieder zurück zur STILLE. Sollte wieder ein Gedanke kommen: in die Luftblase, ab damit und zurück zur Stille.

Manche Menschen finden diesen Zugang sehr schnell, sehr leicht. Anderen hilft zum Beispiel ein Mantra. Silben, die, während der Meditation laut oder leise gesprochen, in deinem Körper schwingen und sanft deinen Geist zu diesem Ort der Ruhe und Gelassenheit tragen. Die Gedanken mögen immer wiederkommen, das Außen wird an dir rütteln, doch das Mantra nimmt dich an die Hand und führt dich zu dir. Eines meiner liebsten ist »SO HUM« [so ham], es bedeutet so viel wie »ICH BIN«. Probier es aus:

Atme ein und sage in Gedanken SO, atme aus und sage in Gedanken HUM. SO HUM, immer wieder. Vielleicht stellst du dir auch einen Wecker. Einerseits, um nicht einzuschlafen, andererseits aber auch, um zu spüren, wie sich das anfühlt, für fünf oder zehn oder sogar 15 Minuten still zu sitzen und die Gedanken auszuschalten.

Wie fühlt sich das an?

....
....
....
....
....
....

Es gibt so viele Möglichkeiten, sich zu entspannen, sich zu erden, in den Fluss zu kommen, neue Energie und Kraft zu tanken. Und aus diesem wohlig warmen Gefühl, das aus dir selbst heraus, von innen kommt, Entscheidungen für einen gesünderen Lebensstil und dauerhafte Zufriedenheit zu treffen. Finde einen Weg, deine Gefühle wahrzunehmen, zu verstehen, auszuleben und in dein Leben zu integrieren. Gehe ihnen nach: Wovor hast du Angst? Wieso bist du unsicher? Was genau macht dich wütend?

Es ist nie zu spät, zu dir zurückzufinden, deine Essenz, dein Potential zu entdecken und zu entfalten. Vielleicht ist es für dich eher Yoga, vielleicht ein Kochkurs, Nähen, Stricken, Malen, Schach spielen, Freunde treffen ... Und es ist immer der richtige Moment, damit anzufangen. Du entscheidest.

Wehre dich nicht gegen deine Intuition oder deine Emotionen. Fühle. Spüre. Intensiv, allerdings ohne dich komplett darin zu verlieren. Dein Körper und dein Geist brauchen diese Gefühle, um daraus zu lernen. Lerne mit ihnen konstruktiv umzugehen. Das ist mal anstrengender und mal weniger, es kann sehr schmerzhaft sein, ätzend, eklig und doof, manchmal macht es sogar Spaß und ist sehr befreiend. Also, schau nach innen. Schau dir an, was dich unterbewusst steuert. Fange an, dir Fragen zu stellen und ehrliche Antworten zu geben. Unser Ziel sollte immer Verbundenheit und Wachstum sein: mit anderen *und* mit uns selbst in gutem Kontakt zu stehen und dabei die Möglichkeit zu haben, täglich die beste Version von uns zu leben.

Wann, wo, mit wem, in welchen Situationen fühlst du dich fremdbestimmt?

....
....
....
....
....
....
....

Wann hast du das Gefühl, ganz bei dir zu sein?

Unter welchen Umständen hast du rückblickend richtige Entscheidungen für dich getroffen?

....
....
....
....
....

Intuition ist trainierbar – wie ein Muskel. Probiere es aus. Spiele und experimentiere mit ihr, feiere deine Erfolge, lerne, ihr zu vertrauen, und übe stetig weiter. Zum Beispiel so:

> Wenn das Telefon klingelt, rate, wer dich gerade anruft.
>
> Wenn mehrere Fahrstuhltüren sich öffnen könnten, rate, welche.
>
> Wenn du mit dem Auto nach Hause fährst, stell dir vor, wo du heute wohl einen Parkplatz findest und um wie viel Uhr du den Zündschlüssel abziehen wirst.
>
> Wie viele Briefe werden im Briefkasten sein?
>
> Was wird deine Freundin zu eurer Verabredung anziehen? Ein Kleid? Rock? Hose? Pumps oder Ballerinas?

Schau, was passiert. Du darfst jeden Tag Kontakt mit deiner inneren Weisheit aufnehmen und daraus Ruhe, Gelassenheit und Liebe tanken.

Bring Bauch, Herz und Verstand wieder in Einklang.

Lebe jeden Moment voller Präsenz.

Lerne, (wieder) bei dir zu sein, und du wirst merken: Vieles ergibt sich dann von selbst.

Erwarte Wunder.

Jeden Tag.

Es gibt keine Zufälle.

VON FORMEN, MASSEN UND AUFGABEN – WAS DIR DEIN KÖRPER SAGEN WILL

Dein Körper ist der beste Freund, den du dir wünschen kannst. Ohne ihn gäbe es dieses Leben nicht. Nur durch ihn kannst du mit allen Sinnen an all diesen irdischen Erfahrungen teilhaben. Tanzen, staunen, lesen, lieben. In meinen Augen ist nicht jede Frau unbedingt eine verlockende Aphrodite, aber perfekt auf jeden Fall. Gut und richtig, genau so, wie sie ist. Weil sich mit ihr eine von zahlreichen Rollen und Facetten zeigt – was »Frau« sein kann. Nicht mehr und nicht weniger. So sehen schließlich auch unsere Körper aus. Arme, Beine, Hände, Füße, Rücken, Schultern und Hintern – in so vielen verschiedenen Formen und Kombinationen zeigt sich die Fülle und Kreativität der Natur. Aber hoppla, Vorsicht! Wehe dem, der sich traut, »Fülle« und »weibliche Körperformen« in einem Satz zu nennen. Auch wenn wir wissen, dass wir mehr sind als Brüste, Beine und Hintern, so definieren wir uns trotzdem sehr über diese Formen, diese äußere Hülle. Für sehr, sehr viele Frauen ist ihr Körper ein extrem schwieriges Thema – für manche schon seit jungen Jahren. Was ist mit dir und deinen weiblichen Formen? Krieg oder Frieden?

Fühlst du dich als verlockende Aphrodite?

☐ Ja
☐ Nein
☐ Immer dann, wenn ...

....
....
....
....
....
....

Vermutlich sagt eine von zehn Frauen laut: »Klar. Aber so was von!« Eine wird vielleicht sagen: »Is' mir egal. Die Männer können mir gestohlen bleiben!« Und die anderen acht? Wünschen sich verschämt, etwas von einer verführerischen Aphrodite zu haben, oder erinnern sich verträumt an die Verlockung, die sie einmal waren, bevor die Kinder kamen, der Mann ging, der Job Falten brachte ... Das Leben hinterlässt Spuren. Wollen wir denn ernsthaft aussehen, als hätten *wir* nichts erlebt, als hätten *wir* nicht gelebt? Während wir innerlich lernen und wachsen, verändern wir uns natürlich auch äußerlich. Viele Frauen, die ich kenne, fühlen sich mit Mitte dreißig wohler in ihrer Haut als mit Anfang zwanzig. Sie wissen, wer sie sind und was sie wollen, und das sieht man ihnen auch an. Eigentlich großartig, nur leider verändert sich nicht alles an uns so, wie wir das gerne hätten, oder so, wie es gesellschaftlich gerade als attraktiv empfunden wird. Und so genießen die meisten Frauen einerseits ihre innere Reife, wertschätzen das Wissen und die Erfahrungen der vergangenen Jahre, auch die Gelassenheit und Souveränität in vielen Belangen, während sie gleichzeitig gegen die äußeren (An-)Zeichen des Älterwerdens, gegen ihren eigenen Körper ankämpfen. Andere lassen sich gehen oder geben (sich) auf. Nur wenige schließen Freundschaft mit ihrem Körper, feiern ihre Weiblichkeit und finden eine gute Balance zwischen

- annehmen, was ihnen gegeben wurde
- hegen, pflegen und fördern, was sie als schön empfinden.

Bin ich schön? Eine Frage, die sich Kinder (noch) nicht stellen. Kaum sehen sie ihr Spiegelbild, stolpern sie fröhlich darauf zu, um sich fasziniert zu betrachten, fröhlich ausgelassen mit sich selbst zu kichern oder herzhaft feuchte Küsschen zu verteilen. Stundenlang. Wann haben wir damit aufgehört? Und warum? Wann wurde es so wichtig, was andere über uns sagen? Wie andere uns sehen? Was anderen an uns nicht gefällt?

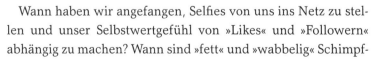

Wann haben wir angefangen, Selfies von uns ins Netz zu stellen und unser Selbstwertgefühl von »Likes« und »Followern« abhängig zu machen? Wann sind »fett« und »wabbelig« Schimpfwörter geworden, die an unserem Wunsch nach Liebe und Verbundenheit rütteln? Egal, ob es sich dabei um die Online-Gemeinde oder um Freunde aus dem echten Leben handelt?

Du kannst danach streben, noch mehr Menschen zu gefallen – offline und online. Du kannst aber auch daran arbeiten, dir selbst zu gefallen – bedingungslos.

Egal, welcher Religion du angehörst, ob du an die Unsterblichkeit der Seele glaubst oder für dich mit dem Tod alles ein Ende findet. So oder so bleibt doch der gemeinsame Nenner, dass wir zu Lebzeiten nur diesen einen Körper zur Verfügung haben. Geht er kaputt, war's das. Aus die Maus. Daraus folgt:

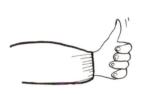

Sei lieb zu deinem Körper, achte, pflege und versorge ihn. (Um)tauschen geht nicht, also mach das Beste daraus.

Dein Körper ist nicht der Feind. Ganz im Gegenteil. Er trägt dich durchs Leben, umarmt dich – 24 Stunden, sieben Tage die Woche. Die Sonne auf deiner Haut, den Wind im Haar, genussvolles Essen, herzhaftes Lachen, Schmetterlinge im Bauch oder leidenschaftliche Liebe – allein der Gedanke daran ist schön, ihn mit jeder Faser deines Körpers zu spüren unbezahlbar.

Dein Körper verbindet dich mit deiner Seele. Er ist ein kostbares Unikat. Dein Fingerabdruck zeigt: Deinen Körper gibt es kein zweites Mal auf dieser Welt und wird es auch nie wieder geben. Deine Seele hat sich dieses »Haus« ganz bewusst ausgesucht, um in ihm etwas zu lernen – ob es dir nun selbst gefällt

oder nicht. Er geht zielstrebig mit dir diesen Weg, während du in deinem Alltag manchmal den Wald vor lauter Bäumen nicht siehst, glaubst das Glück dieser Erde liegt bei Kleidergröße 36, diesen Schuhen oder jenem Hintern.
Vielleicht. Aber so wie du bist, hast du alles, was du brauchst, bist du bestens für *deinen* Lebensweg ausgestattet.

Als Personal Trainerin sehe und erfahre ich täglich, wie einzigartig jeder Körper ist, wie verschieden er die einzelnen Bewegungen umsetzt und auf das Training reagiert. *Jeder Körper ist anders.*
Wir alle wissen das, wollen aber trotzdem am liebsten Modelkörper haben. Wenn schon nicht lange Beine und 90-60-90, dann doch wenigstens straffe, schlanke Beine und Arme, einen knackigen Hintern, einen flachen Bauch, schöne Brüste. Auch wenn alle Frauen mit dem gleichen Trainingsziel zu mir kommen, reagiert jede Frau, jeder Körper anders auf das Trainingsprogramm. Was hindert manche Frauen trotz aller Bemühungen daran, Gewicht zu verlieren, ein strafferes Bindegewebe zu bekommen, Balance zu finden? Wenn wir auf den Körper achten, finden wir die Antworten. »In Watte gepackt sein«, »keinen Arsch in der Hose haben«, »steif wie ein Stock sein«, »sich krumm machen«, »sich hängen lassen«, »auf großem Fuß leben«, die Last des Lebens »gut schultern können« – all diese Bilder beschreiben Charaktereigenschafen und innere Gemütszustände, die wir schließlich auch an den Körpern ablesen können. Leider nehmen wir sie nur viel zu selten wortwörtlich. Sollten wir aber. Wenn wir zuhören und uns bemühen, unseren Körper ernst zu nehmen und ihn zu verstehen, bietet sich, wie in jedem anderen Dialog, eine großartige Chance, etwas aus

dem Gespräch mitzunehmen und daraus zu lernen. Unser Körper sendet Zeichen und ist häufig Indikator für unsere Bedürfnisse, für das, was wir eigentlich bräuchten. Unser Körper zeigt uns, dass wir vielleicht mehr Durchsetzungsvermögen brauchen, beweglicher werden sollen oder Belastendes ablegen, aufrecht(er) durchs Leben gehen und zu innerer Stärke finden, zu uns stehen, für uns einstehen sollen ...

Auch ich habe das lange Zeit nicht gesehen. Erst mit meiner Yogapraxis habe ich mehr über das Zusammenspiel von Körper, Geist und Seele gelernt und hatte viele interessante Aha-Momente. Es begann mit der Unterteilung in die linke Körperhälfte als die »weibliche« und die rechte als die »männliche« Seite. Was im Yoga seit Jahrhunderten gelehrt wird, ließ mich staunen. Schaute ich mich um, sah ich, wie viele Menschen offensichtlich schief sind. Ein Bein ist etwas länger als das andere, ein Fuß etwas größer, meist auch die linke Brust, ein Auge sieht schärfer, eine Schulter ist höher, eine Gesichtsseite ist offener als die andere.

Plötzlich ergaben die Dysbalancen, die mir bei meinen Kundinnen auffielen, einen Sinn. Meist war die linke Körperseite auffällig schwächer als die rechte. Kein Wunder in unserer sehr männlich orientierten Welt. Für Weiblichkeit und weibliche Attribute ist außerhalb von Heim und Herd kaum Platz. Nicht einmal für unseren weiblichen Körper. Viele Frauen finden sich zu weich oder zu schwach. Menstruation, Schwangerschaft, Geburt oder Wechseljahre gleichen eher Krankheitsbildern, die – natürlich – »behandelt« werden müssen. Wir kaschieren Dehnungsstreifen, verstecken unseren Babybauch und versuchen nach der Geburt, so schnell wie möglich wieder »in Form« zu sein. Normale weibliche Körperformen oder Lebenszyklen?

Lieber nicht. Lieber quetschen wir unseren wunderschönen weiblichen Körper in eine männliche Norm. Das schadet uns Frauen genauso wie den Männern; der Verbindung zu uns selbst genauso wie der Verbindung zueinander. Und das sieht man unseren Körpern auch an.

Auch das Buch »Frauenkörper – Frauenweisheit« von Dr. med. Christiane Northrup war eine Offenbarung für mich. Ich bin also nicht verrückt. Andere sehen es sogar noch besser als ich! In Gesprächen mit Freundinnen fand ich immer mehr, immer präzisere Antworten und Bestätigung: Der Körper spricht. Er spricht zu uns.

Eine Kundin kam zum Beispiel neun Monate nach der Geburt ihres Sohnes zu mir, weil sie noch immer zehn Kilo mehr wog als zuvor. Das wollte sie unbedingt ändern. Sie war sehr zielstrebig und fleißig in ihrem Training, doch die Pfunde hielten sich hartnäckig. Auffällig war, dass sie immer wieder Gründe fand, das Training genau dann zu unterbrechen, wenn ihr Körper begann, Fett zu verbrennen. Darauf angesprochen, verteidigte sie natürlich ihre Gründe und beteuerte, unbedingt und am liebsten gestern schon Fett reduzieren zu wollen. Doch als ich sie fragte: »Was wäre denn, wenn du *dünn*-häutiger werden würdest?«, kam prompt die Antwort: »Wie? *Noch* dünnhäutiger?« Ihr Körper hatte es gut mit ihr gemeint und sie spitzenmäßig gepolstert, um den stressigen neuen Familienalltag – die Probleme mit ihrem Partner und ihre Zukunftsängste – von ihr fernzuhalten. Wir hätten noch viele Trainingsstunden miteinander verbringen können, ohne das von ihr gewünschte Ergebnis jemals zu erreichen. Erst als sie begriff, wozu ihr die »Polster« eigentlich dienten, wandelten sich ihre vormals vergeblichen Bemühungen in eine realistische Chance, die darunterliegenden Muster zu erkennen und ihre inneren Konflikte zu lösen. Langsam schaffte sie es, die Schutzschicht, die ihr Körper aufgebaut hatte, wieder abzubauen.

Die schmerzende Hüfte, die zerquetschte Bandscheibe, brechende Nägel, eingerissene Mundwinkel, Herpes ... unser Körper hält uns einen Spiegel vor. Hör auf, gegen ihn zu kämpfen. Stattdessen frage dich: Was will mir mein Körper sagen?

Du wirst beginnen zu verstehen und ganz anders handeln, wenn sich plötzlich ein Sinn offenbart:

In den langen Beinen oder in den kurzen ... Mit langen Beinen werden die Schritte automatisch größer, Entfernungen leichter überwunden. Quasi schneller, leichter, schwungvoller Fort-Schritt. Es könnte gut möglich sein, dass der Körper genau dazu auffordert: mit großen Schritten durchs Leben zu gehen, schnell voranzukommen, dynamisch, elastisch, schwungvoll, elegant. Vielleicht zeigt der Körper aber auch die Schattenseite, also eben nicht so große Schritte zu machen, sondern lieber kleine, genaue, intensive, achtsame, um wichtige Details nicht gefährlich schnell zu über-gehen. Mit kurzen Beinen steht sich's stabiler, kräftiger, sicherer. Nichts wirft einen so schnell um oder aus der Bahn. Es kann sehr vorteilhaft sein, viele kleine Schritte bis zum Ziel zu gehen. Sich den Weg achtsam zu erarbeiten und dabei fest und sicher vor-zu-gehen.

In den üppigen Kurven oder in der burschikosen Figur ... Mütterlich, sinnlich, versorgend und nährend oder männlich, aktiv? Welche Aufgaben und Chancen ergeben sich daraus? Was bist du nicht und musst du auch nicht sein? Was wärst du gern und wozu? Viele Frauen hadern mit ihrer Brustgröße und -form mindestens genauso wie mit ihrem Spagat zwischen Mutterrolle und Karriere, eigenen Wünschen und denen der Familie. Große Brüste wirken verführerisch, verlockend und lassen ihre Besitzerinnen dennoch manchmal schwer an so viel praller Weiblichkeit tragen. Was sagt das über uns? Was passiert, wenn sie sich auf einmal hängen lassen? Wo lässt du dich hängen? Deine Weiblichkeit? Deine Mutterrolle? Nährst du nur andere oder auch dich selbst? Zu viel? Zu wenig? Mit kleinen Brüsten wird Bewegung einfacher, unbeschwerter ...

In den lockigen oder in den glatten Haaren ... Jeder Frisör der Welt wird dir bestätigen, dass er an deinen Haaren ablesen kann, ob es dir glänzend geht, ob du kräftig, vital und strahlend bist. Wild und verlockend? Oder entspannt und geordnet? Matt? Fade? Fehlt Schwung, oder darf es auch gelassener sein? Äußerlich? Innerlich? Übrigens gibt es in der Traditionellen Chinesischen Medizin einen Zusammenhang zwischen Haaren und Nieren(-Energie).

In den großen oder in den kleinen Füßen … Unsere Füße geben uns Bodenhaftung. Sie erden uns, tragen uns und zeigen uns, wie sicher wir im Leben stehen. Ob wir auf großem Fuß leben (sollen) oder eher schmalspurig, ob wir uns (mit den Zehen) festkrallen oder verbiegen. Sie sind unsere Wurzeln, und meist breiten sie sich auch noch als Erwachsene aus, bei manchen sogar um eine Schuhgröße, wenn wir Frauen Kinder bekommen und uns quasi neu verwurzeln.

Selbst im Hohlkreuz … Ähnlich wie beim krummen Rücken zeigt das Hohlkreuz eine Belastung an, unter welcher der Rücken sich verbogen hat. Statt nach vorn eben nach hinten. Aus einem Hohlkreuz können kaum kraftvolle Aktionen entstehen. Wir können nicht mehr aufrecht gehen, sondern haben uns verbogen, verbiegen lassen? Wovon? Wozu?

Oder in den steifen Gliedern … Wer sich steif und unbeweglich fühlt, wird auch so durchs Leben gehen. Holprig, wenig elegant, langsam und unflexibel. Das kann eine Chance sein, aber auch einschränken. Oftmals hilft Beweglichkeitstraining und regelmäßiges Stretching, um Körper und Seele zu zeigen, wie sich loslassen anfühlt, geschmeidig im Fluss zu sein oder flexibel und spontan. Oder soll die Seele Langsamkeit lernen? Festhalten?

Wenn du genau hinsiehst, erfährst du durch die Botschaften deines Körpers, wer du wirklich bist, was deine Chancen und Aufgaben sein können, wo du dich selbst betrügst oder nur unnötig Energie verschwendest. Du kannst im sexy Körper eines Supermodels stecken, wenn du das innerlich nicht fühlst, wirst du keine Freude daran haben. Bist du jedoch mit dir im Reinen, hast erkannt, was dich auszeichnet, besonders und begehrenswert macht, interessiert sich kein Mann für deine Körbchengröße oder dafür, ob du Dellen an den Beinen hast.

Für mich ist das eine ganz wunderbare Symbiose aus dem, was deine Seele vorgeburtlich beschlossen hat zu lernen und was du dann in Kooperation mit deinem Körper ganz weltlich daraus machst. Manche Seelen wollen lernen, wie es sich anfühlt zu kämpfen, manche wollen Licht und Liebe in die Welt bringen, andere wollen sortieren, ordnen, führen, strukturieren, im Rampenlicht stehen. Je mehr du Vertrauen hast, dass nichts gegen dich geschieht, sondern alles nur für dich, um zu wachsen und zu lernen, desto mehr kommst du in den Fluss.

Nimm dir einen Moment und schau dir Auffälligkeiten, typische Merkmale deines Körpers einmal ganz genau an:

Füße	groß – klein – schmal – breit – lange Zehen – krumme Zehen – Muttermale – Narben – Hornhaut – weiche Haut – Überballen – Hallux
Gelenke	steif – beweglich – Temperatur empfindlich – stabil – instabil – zart – robust
Beine	lang – kurz – gerade – krumm – schmal – sportlich – muskulös – weich – schwaches Bindegewebe
Bauch	flach – rund – weich – muskulös – Muttermale – Narben
Hüften	jungenhaft – ausladend – weiblich – gebärfreudig
Rücken	breit – schmal – stark – muskulös – zart – zerbrechlich – Muttermale
Arme	lang – kurz – muskulös – zart – rau – weich – dick – behaart - ...
Hände	breit – schmal – kräftig – weich – zart – rau
Finger	lang – dünn – dick – knotig – krumm – gerade
Haare	dick – dünn – glatt – lockig – strohig – struppig – federig – fettig – trocken – hell – dunkel – gefärbt
Augen	groß – klein – rund – schmal – müde – wach – blau – grün – grau – braun ...

Was will dein Körper dir sagen? Was könnte dein Weg, deine Aufgabe sein?

....
....
....
....
....
....
....
....

Hör auf, deinen Körper schlechtzumachen. Wer den Widerstand aufgibt und gegen (Eigen-)Liebe austauscht, schafft die Voraussetzung für mehr Harmonie und Zufriedenheit mit sich. Ich muss mich nicht länger über meine kräftigen Arme ärgern, die großen Füße, den kleinen Busen, die Haare, die Oberschenkel, denn ich beginne zu verstehen. Kann mich und andere so lassen und akzeptieren, wie sie sind. Jeder Körper, jeder Mensch hat seinen eignen Auftrag. Es geht nicht darum, besser, schlanker oder attraktiver zu sein, sondern einfach nur du selbst zu sein ... die beste Version von dir. Was andere machen, ist deren Sache. Bleib bei dir ganz und gar und werde dadurch ein strahlendes Vorbild für andere Frauen.

Gehe liebevoll mit deinem Körper um, respektiere seine Grenzen, pflege seine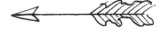

Stärken und akzeptiere seine Schwachstellen und Defizite. Versuche nicht, gegen sie anzukämpfen, sondern sie auszugleichen. Eine Herausforderung für jede von uns. Du darfst dich selbst (spitze) finden. Dich selbst (an)erkennen. Lieben. Deine individuelle Weiblichkeit leben ... und feiern! Befreie dich von dem Gefühl, nichts zu leisten, zu sein oder zu bieten, und dem Zwang, perfekt sein zu müssen.

Je mehr wir beginnen, von innen nach außen zu strahlen, umso heller leuchten wir anderen Frauen und nachfolgenden Generationen den Weg.

ARTEMIS, ATHENE ODER APHRODITE – ENTDECKE DIE GÖTTIN IN DIR

Es gibt Phasen im Leben, da verlieren wir so sehr den Kontakt zu uns, fühlen uns so unwohl und unsicher in unserer Haut, dass wir nicht einmal mehr wissen, was wir anziehen sollen. Mir erging es zum Beispiel so nach der Geburt meines ersten Kindes. Mein Baby fand ich einfach wunderbar und zuckersüß ... und mich? Keine Ahnung. Totalausfall. Mein Körper war mir fremd, mein Kleiderschrank ein einziges Fragezeichen, mein Alltag irgendwie auch. Meine Freundinnen studierten und arbeiteten munter weiter, gingen aus, waren spontan und frei und amüsierten sich, als wäre nichts geschehen. In meinem Leben gab es dagegen einen phänomenalen Neustart: Ich war nun eine Mami. Mein alter Job schien zu einem anderen Leben zu gehören, mein Studium zählte nichts, denn nun war ich blutige Anfängerin. Zu Hause. Stillend. Windeln wechselnd. Kuschelnd. Sehr oft sehr unsicher. Sehr oft auch sehr instinktiv handelnd. Glücklich über mein Baby. Zufrieden mit mir? Nicht immer. Das Geld war weniger. Zeit nicht unbedingt mehr.

Zukunftsängste und die Freude über das Wunder des Lebens tanzten in mir Tango.

Manchmal steht das Leben eben kopf. Solche Phasen kommen vor und sind extrem wichtig, um innezuhalten, Bilanz zu ziehen, auszumisten und zu reflektieren. Solange es läuft, läuft's. Erst in Krisenzeiten fragen wir uns wieder: Wer bin ich eigentlich? Was will ich eigentlich? Was hab ich schon (Tolles in meinem Leben) erreicht? Wo will ich hin? Wer möchte ich sein? Wozu? Liebevolle Menschen und inspirierende Gespräche können helfen, Sicherheit zu finden, wieder ein gutes Gefühl für dich und dein Leben zu entwickeln. Das kann die Familie sein, gute Freunde oder professionelle Hilfe. Mir selbst hat damals Krafttraining geholfen, um wortwörtlich wieder in meine Kraft zu finden; ein Wirtschaftsastrologe, der mir meine Stärken und damit Möglichkeiten und Wege aufzeigte. Und ich gönnte mir regelmäßig Thaimassagen, die mir Ruhe, Gelassenheit und Entspannung schenkten. Diese wundervollen Thaifrauen, die mich mit ihren liebevollen Händen und ihrer quirligen Art quasi zurück in meinen Körper kneteten. Es gibt viele Wege, die zu dir zurückführen können.

So wie du, lerne auch ich jeden Tag meinen Körper besser zu verstehen und dadurch auch mich selbst besser kennen. Was will meine Seele wohl mit diesem Körper erleben? Spaß, Leichtigkeit, Beweglichkeit, Kraft, Mütterlichkeit, Männlichkeit, Kampf, Belastung, Fülle? Es lohnt sich enorm, zu sehen, was wir für tolle Qualitäten mit auf die Welt gebracht haben, anstatt nur darauf zu achten, was fehlt. Es fehlt nichts. Sonst hättest du es. Die Herausforderung ist, in jedem Moment präsent zu bleiben und deine inneren Qualitäten zum Höchsten und Besten nach außen zu tragen, bzw. das Außen zu nutzen, um innerlich zu reifen.

Doch bevor du dich wieder mit all den makellosen Frauen in Hochglanzmagazinen vergleichst und dich von ihnen verunsichern lässt, nimm dir lieber ein Beispiel, mit dem du vielleicht besser an dir arbeiten kannst. Griechische Göttinnen. Ja, Göttinnen – was sonst?! Weibliche Archetypen mit Charakter, Ecken und Kanten. Sie können dir Halt und Orientierung geben und scheinen uns durch ihre eigenen (dramatischen) Geschichten charmant an die Hand zu nehmen und uns die Augen für uns selbst zu öffnen: »Du bist okay, so wie du bist«. Also lebe aus, was in dir steckt. Beachte aber auch die Schattenseite, sieh das ganze Bild und damit auch, was deine Aufgabe sein könnte, wie du die Balance in deinem Leben erreichst und erhältst. Schöpfe Mut daraus, in Liebe dein Potential zu entfalten. Wenn du »nur« Hausfrau und Mutter sein willst, würde dich ein karriereorientierter Weg vermutlich auszehren. Andersherum genauso – wenn du das Gefühl hast, dass dein Potential zwischen Herd und Kinderzimmer verkümmert, wirst du zwangsläufig unglücklich. Gibt es einen Mittelweg? Welcher Weg könnte für dich funktionieren? Was spricht dagegen, groß zu träumen, sich ein erfülltes Leben zu gestalten? Ist es nicht vielmehr eine herrliche Aufgabe, dir dieses Leben so wunderschön und reich wie möglich zu gestalten? Was immer das nun genau für dich bedeutet. Du brauchst dich nicht zu verstecken. Weder hinter den eigenen Ängsten oder Träumen noch hinter den familiären oder gesellschaftlichen Erwartungen. Frauen wie Mutter Teresa, Jeanne d'Arc, Lady Diana, Marie Curie, Astrid

Lindgren, Madonna und viele andere tolle Menschen haben uns gezeigt, dass wir immer anecken, wenn wir anders sind, dass wir aber auch Großartiges bewegen und leisten, wenn wir unserem individuellen Weg folgen. Wir alle prägen die Gesellschaft. Im Großen wie im Kleinen. »Die Hand an der Wiege bewegt die Welt«, heißt ein altes Sprichwort und zeigt damit, wie viel wir Frauen *bewegen* können – egal, ob wir nun ein neues Leben auf die Welt bringen, eine Idee, ein Konzept, eine Projekt, eine Firma, Gedanken, Taten. Was immer wir mit unserem Geist, unserem Körper, aus unserem Herzen heraus erschaffen, ist ein wichtiger Impuls in die Welt.

Et voilà, hier sind sie: sieben griechische Göttinnen. Frauen aus einer anderen Zeit, aus einer anderen Welt. Artemis, Athene, Demeter, Hera, Hestia, Persephone und Aphrodite – eben nicht die Kollegin, Nachbarin oder Fernsehmoderatorin, mit der wir uns beständig vergleichen. Und irgendwie doch. Göttinnen sind Archetypen, unbewusste Grundmuster, in denen wir uns ganz gut (wieder)erkennen können. Sie sind uns nah und fern zugleich, zeigen uns, wie unterschiedlich wir *alle* doch sind. Damals wie heute. Einige Frauen fühlen sich erst vollständig, wenn sie geheiratet und/oder Kinder bekommen haben, andere Frauen lieben ihre Unabhängigkeit, wollen ihre Freiheit nicht aufgeben und haben auch kein Problem damit, allein zu leben. Einige leben sich im Beruf aus, andere im privaten Kontext. Was der einen (über)lebenswichtig ist, braucht die andere einfach nicht. Es gibt so viele verschiedene Lebensentwürfe – und keiner ist schlechter als der andere, sondern schlichtweg anders. Je nachdem, welche Göttin aktiv ist. Auch wenn sie schon etwas betagt sind, so sind uns diese griechischen Damen eine bessere Orientierungshilfe als das verzerrte Frauenbild unserer Gesellschaft und der Medien. Jede einzelne Göttin lebt von ihren Stärken und Schwächen, ihrer Fülle und ihren Unzulänglichkeiten, die gleichzeitig ihre Herausforderungen sind. Eine Göttin kann uns inspirieren, all unsere Facetten anzunehmen, auszuleben, zu vervollkommnen – zu unterschiedlichen Zeiten und in verschiedenen Kontexten. Die Etappen und Lebensabschnitte einer Frau bringen immer wieder neue und andere Herausforderungen, Themen und Aufgaben in unser Leben.

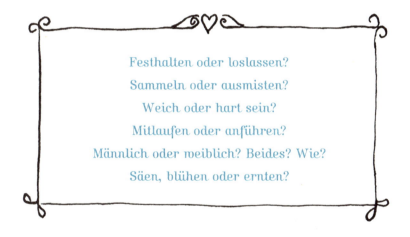

Festhalten oder loslassen?
Sammeln oder ausmisten?
Weich oder hart sein?
Mitlaufen oder anführen?
Männlich oder weiblich? Beides? Wie?
Säen, blühen oder ernten?

Mach dich nicht klein. Duck dich nicht weg. Gräme dich nicht. Schau hin und entdecke und erwecke die Göttin(nen) in dir. Stress dich nicht länger mit Rollenbildern und Erwartungen, die du weder erfüllen kannst noch willst.

Es gibt einige Bücher, die sich noch ausführlicher mit den griechischen Göttinnen befassen, besonders aber hat mich das Buch »Godesses in Everywoman« von Dr. Jean Shinoda Bolen (dt. Ausgabe: »Göttinnen in jeder Frau. Psychologie einer neuen Weiblichkeit«) fasziniert und zu diesem Kapitel inspiriert. Also:

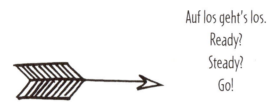

Auf los geht's los.
Ready?
Steady?
Go!

ARTEMIS ist die Göttin der Jagd und des Mondes, die mit Nymphen und Naturgeistern durch die Wälder streift. Sie gilt als Beschützerin von Neugeborenen und jungen Tieren in der Wildnis.

Die Artemisfrau ist zielstrebig, weiß, was sie will, und verfolgt fokussiert, was sie für wichtig hält. Im Beruf ist sie erfolgreich und erreicht Ruhm, Macht und Geld. Sie liebt den Wettbewerb und dessen Herausforderungen so sehr, dass sich ihre Kampfbereitschaft auch auf ihr Privatleben übertragen kann. Dann sind auch ihre sozialen Beziehungen von Wettstreit geprägt. Eine Artemisfrau würde zum Beispiel versuchen, den Erfolg ihres Mannes zu übertreffen. Ihre Sexualität ist nicht immer entfaltet. Beziehungen spielen für sie eine zweitrangige Rolle. Eine Schwangerschaft kann sehr ambivalente Gefühle in ihr wecken. Sie liebt ihre Unabhängigkeit und könnte daher auch gut auf einen Ehemann verzichten.

Viele Artemisfrauen haben eine Affinität zu Frauenbewegungen, sind hilfsbereit, stehen zu ihren Prinzipien, kämpfen für Gerechtigkeit, lieben die Natur und treiben Sport. Artemisfrauen können auch unbarmherzig und destruktiv sein – mit sich selbst und anderen. Anerkennung ist ihnen enorm wichtig, gleichzeitig werden sie mitunter von Gefühlen der Unzulänglichkeit gequält. Manchmal verachten Frauen dieses Typs ihre Mütter als zu passiv, weich und schwach. Auf Kritik seitens des Vaters reagieren sie trotzig, fühlen sich innerlich jedoch getroffen.

Worauf sollte eine Artemisfrau achten? Weniger Distanz. Aggression kultivieren. Bei aller Zielstrebigkeit, Ehrgeiz und der Jagd nach Erfolg sollte sie ihre zwischenmenschlichen Beziehungen und deren Wärme nicht vergessen.

ATHENE ist die Göttin der Weisheit und der Künste und wird meist als vornehme, schöne Kriegsgöttin mit einer Rüstung dargestellt. Sie war bekannt für ihre siegbringenden Strategien und praktischen Lösungen. In Friedenszeiten herrschte sie über das Handwerk und die Künste.

Athenefrauen wirken sehr männlich-androgyn. Sie denken rational und zielgerichtet, schätzen den Willen und den Intellekt höher als die Instinkte und Triebe. Eine Athene lebt nach ihren eigenen Prioritäten und kümmert sich nicht um die Bedürfnisse anderer Menschen. Mit ihrem messerscharfen Verstand entlarvt sie die Unzulänglichkeiten anderer, kritisiert deren Schwächen und erhebt sich gern über sie. Dadurch wirkt sie manchmal einschüchternd. Als Karrierefrau arbeitet sie hart, setzt ihre taktische Diplomatie effizient ein und gehört häufig zur Führungsetage. Auf ihrem (Karriere-)Weg greift sie auf Gönner und Verbündete zurück und scheut sich auch nicht vor hinterhältigen Listen, um vorwärtszukommen. Mit Sinnlichkeit und Romantik kann die Athenefrau nicht viel anfangen. Sie wartet auch nicht auf ihren Märchenprinzen. Wenn überhaupt, kommen für sie nur Helden in Frage, an deren Macht sie teilhat. Darüber hinaus genießt sie die Gesellschaft kompetenter Weggefährten und kritischer Gesprächspartner, Kameraden und Kumpel. Neben ihrer Intelligenz verfügt sie über handwerkliches Geschick. Athene ist ohne Mutter aufgewachsen, und so sind die Frauen dieses Archetyps eher Väterkinder. Ihre Mütter betrachten sie manchmal als völlig inkompetent, die anderen Mädchen als albern und dumm. Athenefrauen besitzen wenig Empathie und ein schlecht entwickeltes Körpergefühl.

Worauf sollte eine Athenefrau achten? Ihre weiblichen Attribute. Sie sollte lernen, die Vorteile weiblicher Schwäche, Weichheit und Hingabefähigkeit zu erkennen, um diese dann in ihren individuellen Weg zu integrieren.

HESTIA ist die Göttin des Herdes und der Tempel. Sie beteiligte sich nicht an den Liebesaffären und Kriegen der anderen Götter, wagte sich nicht in die Wildnis, gründete keine Stadt, sondern blieb selbstgenügsam im Haus.

Hestia verkörpert die innere Energiequelle, den ruhenden Punkt des Selbst, und spürt in ihrer Ganzheit das Wesen aller Dinge. Ihr Bewusstsein ist ganz nach innen gerichtet; sie sucht intuitives Wissen durch Meditation. Frauen dieses Archetyps sind eher selten. Sie fühlen sich in einem spirituellen Band mit anderen Menschen verbunden, besonders mit ihrer Familie, gelten als schüchtern und introvertiert, erfüllen unauffällig ihre Pflicht. Sie sind sich selbst genug. Milde, gerecht und barmherzig leben sie auch in religiösen Gemeinschaften und Orden oder als die alte Jungfer oder unverheiratete Tante. Beruflich mangelt es ihnen an Ehrgeiz und Antrieb. Sie streben nicht nach Anerkennung und geben sich mit einer traditionellen Frauenrolle zufrieden. Dann schaffen sie ein geborgenes Zuhause, und die Haushaltsführung oder Kindererziehung nimmt dann manchmal die Form religiöser Verehrung an, und das Tischdecken entwickelt sich zu einer rituellen Zeremonie. Gleichzeitig behalten Frauen vom Typ Hestia trotzdem ihre innere Unabhängigkeit.

Worauf sollte eine Hestiafrau achten? Kontakt zur Außenwelt. Ist der Rückzug nach innen eine Flucht vor dem Lebens(kampf)? Sie sollte versuchen, für sich eine gesunde Balance zwischen der Innenschau und dem aktiven Leben im Außen zu finden.

HERA war die stattliche, hoheitsvolle Gemahlin des Zeus. Oft wird sie auf eine rachsüchtige, eifersüchtige Ehefrau reduziert, die von Zeus ständig betrogen wurde.

Der Hera-Archetyp repräsentiert daher die klassische Ehefrau. Die festliche Hochzeit ist der schönste Tag ihres Lebens, erst dann fühlt sie sich gesellschaftlich akzeptiert. Sie braucht das Prestige und den Respekt, die für sie mit einer Ehe einhergehen. Die Karriere ihres Mannes ist ihr wichtiger als der eigene Beruf, und so gibt sie mit der Hochzeit auch (gern) ein Stück ihrer eigenen Identität auf. Von ihrem Ehemann erwartet die Herafrau die Erfüllung schlechthin. Wendet ihr Mann sich anderen Interessen zu, empfindet sie eine innere Leere, wahrt aber immer den äußeren Schein. In ihrem Sicherheitsbedürfnis glaubt sie ihm all seine Lügen. Geschlechtsverkehr empfindet sie eher als Pflichtübung. Ledige Frauen betrachtet sie als unzulänglich, aber auch als potentielle Bedrohung. Als betrogene Gattin entwickelt sie eine zerstörerische Wut gegen alle, die ihr als Rivalen erscheinen, manchmal sogar gegen die eigenen Kinder. Der Zorn richtet sich jedoch nie gegen ihren Mann, von dem sie abhängig ist. Selbst als Geschiedene betrachtet sie sich noch als die rechtmäßige Gattin und torpediert seine neue Beziehung.

Worauf sollte eine Herafrau achten? Ihre eigene Identität. Bei all der Liebe zu ihrem Ehemann und dem Status einer Ehefrau sollte sie sich selbst nicht aus den Augen verlieren. Sie ist schließlich mehr als ein »Anhängsel« eines Mannes. Sie darf innere Fülle bei sich selbst finden, statt außen zu suchen, ihr Terrain zu verteidigen und voller Angst und Sorge zu kämpfen.

DEMETER war die Göttin der fruchtbaren Kornfelder und lebte in enger Symbiose mit ihrer Tochter Persephone.

Eine Frau mit starker Neigung zum Demeter-Archetyp findet in der Mutterrolle ihre Erfüllung. Sie hegt und pflegt, spendet körperliche und geistige Nahrung. Häufig findet man sie in sozialen Berufen. Sie leidet sehr, wenn sie nicht schwanger werden oder stillen kann. Für ihre Söhne empfindet sie Stolz, sogar Ehrfurcht, an ihren Mann stellt sie dagegen keine hohen Erwartungen und behandelt ihn eher wie einen kleinen Jungen. Ein typisches Beziehungsmuster ist die übermächtige Mutter mit ihrem Sohn als »Geliebten«, wobei Sexualität keine große Rolle spielt. Demeterfrauen verübeln den Feministinnen, dass sie die Mutterrolle abwerten, unterhalten aber lebenslange Freundschaften mit anderen Frauen. Ihre Familien weisen matriarchale Strukturen auf. Sie bemuttern sich gegenseitig und sind sehr besitzergreifend und kontrollierend gegenüber ihren Kindern. Werden diese dann älter oder ziehen aus, fühlt sich die Demeterfrau zurückgewiesen und wird zornig. Sie kann so hasserfüllt sein, dass sie ins Gegenteil ihres eigentlichen Naturells verfällt, ihrem Nachwuchs die Nahrung vorenthält oder tagelang nicht mit ihnen spricht. In der Opferrolle ist Demeter verbittert, ausgebrannt, apathisch und vernachlässigt sich selbst.

Worauf sollte eine Demeterfrau achten? Ge-lassen-heit. Sie darf ihre »Kornfelder« mit Hingabe bestellen, sollte dabei jedoch den Kreislauf des Lebens nicht außer Acht lassen. Statt sich selbst über ihre Kinder zu stülpen, Lebenssinn und Selbstwertgefühl allein aus ihrem Nachwuchs zu ziehen, darf sie innerhalb ihrer Familie sein- und loslassen üben und zur Mutter, Pflegerin, Lehrerin vieler (Menschen)-Kinder werden.

PERSEPHONE ist das junge Mädchen, die behütete und geliebte Tochter. Sie ist die Göttin des Frühlings, der Blumen und der Jugend und steht damit auch für neues Wachstum nach Zeiten der Entbehrung. Gleichzeitig ist sie die Göttin der Unterwelt und der toten Seelen.
Die Persephonefrau ist passiv, leicht beeinflussbar, angepasst und verträumt. Sie ist das brave Mädchen, das ihrer Mutter gefallen will, gehorsam und gefügig ist und lieber zu einer (Not-)Lüge greift, als anzuecken. In der Schule hat sie Schwierigkeiten und geht den Weg des geringsten Widerstands. Ausflüchte, Schmeicheleien und Intrigen sind Teil ihres Charakterproblems. Von ihrer Mutter wird sie manchmal als Verlängerung ihrer selbst benutzt, um stellvertretend durch sie zu leben. Ihr Vater empfindet oft eine starke Zuneigung für sie. Sie selbst wartet wie Dornröschen auf den Prinzen, der ihr Leben verändert. Für ihn macht sie sich hübsch, seinen Wünschen passt sie sich an. Als Kindfrau wirkt sie auf Männer sehr anziehend. Obwohl sie es mag, wenn Männer sie begehren, ist sie sich ihrer unschuldigen Sexualität nicht bewusst und empfindet meist keine Leidenschaft. Sie ist träge, unentschlossen und besitzt keine Initiative, Ausdauer oder Führungsqualitäten. Sie ist narzisstisch auf sich selbst fixiert, hat ein verzerrtes Selbstbild und lebt in einer Märchenwelt. Älter zu werden macht ihr Angst. Sie ärgert sich über jede Falte, fällt in Depressionen und bleibt eventuell für immer in ihrer Unterwelt gefangen. Ihre Empfindsamkeit macht sie aber zu einer empathischen Zuhörerin, Therapeutin, Künstlerin.

Worauf sollte eine Persephonefrau achten?: Auf das *echte* Leben. Es ist ein wunderbares Abenteuer, sich der echten Welt zu stellen, Pflichten und Verantwortung zu übernehmen, statt in Traumwelten zu flüchten. Anzuecken ist meist sehr lehrreich und weniger schmerzhaft als befürchtet.

APHRODITE ist die Göttin der Liebe, der blühenden Natur und Schönheit. Sie steht für Erotik, Kreativität, neues Leben.

Charmant, attraktiv und strahlend ist die Aphroditefrau, die in ihren Beziehungen eher nach Intensität als nach Dauer strebt. Sie ist nicht zwingend die klassische Schönheit, aber immer sehr charismatisch. Auf Männer wirkt sie unwiderstehlich und nahezu magnetisch. Anderen Frauen gegenüber hegt sie freundschaftliche Gefühle und empfindet selten Feindseligkeit. Sie lebt den Moment, verliebt sich leicht und verlässt den Mann ebenso leichtfertig, um sich dem nächsten »Projekt« zuzuwenden. Sie sehnt sich vor allem nach einer spirituellen Vereinigung – Seelenverwandtschaft, tiefen Freundschaft und empathischem Verständnis. Die Aphroditefrau will inspirieren, begeistern, kreative Funken entzünden und Wachstum erzeugen. Wie die Alchemisten kann sie Gewöhnliches in Gold verwandeln. Die Gespräche mit ihr sind sprühend, stimulierend und belebend. Eine Aphroditefrau gibt ihrem Gegenüber das Gefühl, sein Potential zu sehen und sich aufrichtig und ganz auf ihn einzulassen und wirklich verstehen zu wollen. Sie macht, was ihr gefällt, und lässt sich von niemandem bevormunden. Angstgefühle und Depression stellen sich immer dann ein, wenn eine

Aphroditefrau sich selbst als schlecht betrachtet oder ihre ausgeprägte, sinnliche Sexualität als etwas Unnatürliches empfindet. Wenn ihre Liebe nicht erwidert wird oder sie auf den Falschen trifft, kann sie durch ihre Leidenschaft in unglückselige Abhängigkeit geraten.

Worauf sollte eine Aphroditefrau achten?: Ihre HIN-gabe. Sie darf geben und nehmen. Und beides in Balance bringen. Sie sollte versuchen, in kreativen Prozessen den goldenen Funken auch in sich selbst zu finden. Und anstatt verliebt in die Liebe permanent weiterzuziehen, sollte sie auch ihre Chance(n) erkennen, sich im richtigen Moment dem Richtigen hinzugeben und zur liebenden (Ehe-)Frau zu werden.

Welche Göttin(en) erkennst du in dir? Vielleicht ist es nur eine, vielleicht sind es aber auch mehrere:

☐ Artemis
☐ Athene
☐ Hestia
☐ Hera
☐ Demeter
☐ Persephone
☐ Aphrodite

Welche Aufgabe ergibt sich daraus für dich und dein Leben?

....
....
....
....
....
....
....
....
....

Entscheide selbst, wie und ob diese sieben Archetypen dein Verhalten (unbewusst) beeinflussen. Ich finde, unter dem Einfluss einer griechischen Göttin zu stehen hat etwas extrem Weibliches, Erhebendes, Archaisches, Berauschendes, Anmutiges, Stolzes, golden Glitzerndes und Charmantes. Eine wunderbare Etappe auf deiner Reise, die Frau deines Lebens zu werden.

YIN UND YANG – VOM MUT, EINE FRAU ZU SEIN

Vielleicht begann der Kampf zwischen Mann und Frau mit Adams Biss in den Apfel der Erkenntnis. Vielleicht auch irgendwann später ... wer weiß.
In diesem Kapitel geht es mir auf jeden Fall nicht darum, mit dem Finger auf *die* Männer oder *die* Frauen zu zeigen und die Schuld hin- und herzuschieben. Gleichzeitig möchte ich auch gar nicht *ent*schuldigen, was sich beide Geschlechter angetan haben, sondern vielmehr anregen, ab jetzt und für die Zukunft, eine gesunde Balance zu finden – im Großen, also im gegenseitigen Miteinander, und im Kleinen, in jeder Zelle deines Körpers. Mir geht es um die Wertschätzung des weiblichen *und* des männlichen Prinzips. Beides wichtige Attribute in jeder von uns.

DAS MÄNNLICHE PRINZIP ist vom Verstand geprägt: straight, fokussiert. Es bezieht sich auf das Machen und Tun, das Denken und Planen, das Geben, Anspannen, Festhalten, Kontrollieren und Organisieren.

Herz und Gefühl stehen für DAS WEIBLICHE PRINZIP: sanft, fließend, Dinge geschehen lassen, vertrauen, lieben, spielen, ruhen, entspannen, träumen und genießen.

Die linke Körperhälfte wird auch als die gefühlvolle, emotionale, intuitive, weibliche Seite angesehen. Die rechte Seite als die verstandesorientierte, aggressive, aktive, männliche Seite. Was ich im Yoga bereits kennenlernen durfte, hat mein Qigong-Lehrer noch erweitert: Anscheinend besteht unser ganzer Körper aus diesen Polaritäten. Dem weiblichen Yin und dem männlichen Yang. Nicht nur rechts und links, oben und unten, vorn und hinten, sogar die Organe sind in »männlich« und »weiblich« unterteilt. So gehören Nieren, Herz, Leber, Milz und Lungen zu den Yin-Organen mit »männlichen« Gegenstücken. Und in jedem Yin ist auch ein bisschen Yang und in jedem Yang auch ein bisschen Yin. Beide Seiten haben ihre Qualitäten, und beide Seiten wollen von uns gelebt und geschätzt werden.

Wie bereits angedeutet, ist die linke Körperseite meist die schwächere. Die weibliche Seite! Natürlich, wirst du vielleicht denken, die meisten sind ja auch Rechtshänder(innen). Nichtsdestotrotz ist alles in unserem Körper miteinander verbunden. In Kooperation miteinander – nur mit dem rechten Bein läuft es sich schlecht. Wir haben *zwei* Beine, *zwei* Hände, *zwei* Augen, *zwei* Ohren, *zwei* Nasenlöcher, *zwei* Brüste, *zwei* Füße, *zwei* Nieren ... so vieles gibt es in doppelter Ausführung, und so oft »schwächelt« die linke Variante. Wahre Schönheit zeigt sich jedoch in einer Symmetrie – im Gesicht, im Körper, dem Gangbild, im Charakter.

Balance ist keine Frage des Entweder-oder, sondern des »Wann-ist's-zu-viel-und-wann-zu-wenig« ... Es geht darum, beide Seiten als wichtige Qualitäten zu achten und sie ausgewogen zu integrieren. Seit unserer Kindheit lernen wir allerdings, dass machen, produzieren, etwas bewegen wertvoller ist als träumen, ausruhen, innehalten. Phantasie und Kreativität sind ganz nett, aber von »ganz nett« kommt eben keine Butter auf den Tisch. Also Hosen angezogen und Ärmel hochgekrempelt. Tu was! Streng dich an! Sei besser als die anderen! Steh deinen Mann!

Wenn ich mich in meinem weiblichen Freundes- und Bekanntenkreis umschaue, sehe ich starke, wunderschöne und liebenswerte Frauen. Sie sind beruflich erfolgreich, haben tolle Ideen, Visionen, Projekte, manche sind Führungspersönlichkeiten mit eigenen Firmen und Mitarbeiterverantwortung. Einige sind Mütter. Das ist großartig. Mehr denn je haben wir Frauen die Chance, uns zu verwirklichen, und entsprechen damit genau dem Ideal unserer Zeit: schnell, effektiv, erfolgreich, produktiv, messbar, fokussiert, kontrolliert. Wir sind stolz auf das eigene Geld, das wir verdienen, auf das Auto, das wir fahren, die Wohnung, die wir selbst renovieren, die Verantwortung, die wir übernehmen.

Ohne es zu merken, sind wir Frauen mehr und mehr zu Männern geworden. Okay, zu gebärenden Männern. Das »bisschen Kinderkriegen« kommt nämlich einfach – on top – noch mit dazu.

Ist es nicht so? Viele Frauen wollten anders sein als ihre Mütter und haben sich auf den Weg ihrer Väter begeben – inklusive Karriereleiter, Kurzatmigkeit und Zerrissenheit zwischen Job und Familie. Nun sind wir gestresst, innerlich hart, unruhig, unzufrieden. Irgendwie schief. Wir sehen das, fühlen es. Richtig scheint es nicht zu sein, wirklich falsch aber auch nicht. Was kann die Lösung sein? So wie wir das gerade angehen, wollen wir das Beste aus beiden Welten. Leider nicht: das Beste für *uns*. Wir hecheln und hetzen den Idealen der Männerwelt hinterher und ... ach, ja ... da war ja noch was ... Weiblichkeit .... Frausein ... Muttersein ... ja gut ... bekomm ich auch hin ... quetsch ich noch mit rein ... irgendwie ...

Das ist doch Mist! Das muss ja scheitern. Und irgendwie ahn(t)en wir das sogar. Woher sonst kommen all diese Ängste und Unsicherheiten, diese Zweifel und unsere Sucht nach Bestätigung, auf dem richtigen Weg zu sein?

Frauen sind einander häufig die schärfsten Kritiker(innen). Wenn eine Frau heute beschließt, »nur« Hausfrau und Mutter zu sein, Karriere für Kind und Kegel sausenzulassen und auch noch glücklich damit ist, stößt sie auf Unverständnis und müdes Lächeln. Nicht bei den Männern, sondern bei vielen anderen Frauen. Frau muss doch was aus ihrem Leben machen!

Oder? Und wenn es nun genau das ist, was sie aus ihrem Leben machen möchte? Kinder aufziehen? Und sich Zeit für ihre Familie nehmen?

Oder ist es eher umgekehrt? Werfen wir den beruflich erfolgreichen Frauen nicht oft vor, keine Kinder zu bekommen? Was ist, wenn wir beides wollen? Tolle Kinder *und* Karriere. Dann sind wir auf dem besten Weg. zur Rabenmutter gestempelt zu werden! Wer sind wir, dass wir einander vorschreiben, was wir zu tun hätten und wie unser Leben aussehen sollte?

Wir schaden einander doch nicht, wenn wir unseren Weg gehen. Ganz im Gegenteil: Jede Frau, jeder Mensch, kann sich glücklich schätzen, wenn er weiß, was er will.

Und das gilt für alle Wege, die jede Einzelne von uns geht, und alle Ziele, die sich jede Einzelne von uns setzt.

Die weibliche Kraft ist genauso stark und wichtig wie die männliche. Es gibt keinen Grund, sich der einen mehr als der anderen zu widmen. Beides will gelebt werden – außen und innen. Zum Glück lässt sich jegliches Ungleichgewicht jederzeit wieder in Balance bringen. Wozu? Für Gesundheit und Zufriedenheit in deinem Leben. Wer all der Aktivität im Außen auch eine erfüllte Innenwelt entgegensetzt – Besinnung, Entspannung, Intuition, Muse, Hingabe, Vertrauen wieder Gewicht gibt, balanciert aus, was vernachlässigt wurde. Genauso wichtig kann es sein, Aggression zu kultivieren oder sogar auch mal auf den Tisch zu hauen, wenn jemand zu weit geht. Für und zu sich und den eigenen Bedürfnissen zu stehen, eigene Wünsche klar zu formulieren und zu verfolgen, das Leben aktiv anzupacken. Jede Zeit ist geeignet, damit zu beginnen. Einziger Wermutstropfen: Konstanz ist wichtig. Wer tagsüber durch ein männliches Leben hetzt, sich durchboxt, wird das mit etwas Stricken, ab und zu Yoga oder einem Telefonat mit der Freundin kaum ausgleichen. Körper, Geist und Seele lassen sich nicht an- und ausknipsen, sondern wollen jeden Moment im Gleichgewicht sein. Ein Leben lang.

Ignorieren wir das, bringt uns das Leben wieder in Balance und wird Wege finden auszugleichen, was vernachlässigt wurde. Das ist dann zwar auch gut, fühlt sich für dich aber vermutlich nicht so an.

Vielleicht kennst du den Film »Still Alice« mit Julianne Moore in der Hauptrolle. Sie spielt eine 50-jährige Professorin für Linguistik an der Columbia University, dreifache Mutter, Ehefrau, die plötzlich mit der Diagnose »frühzeitiger Alzheimer« konfrontiert wird. Unerwartet. Erschütternd. Dieser Film, die Geschichte dieser wunderbaren Frau, zeigt auf sehr berührende Weise, was ich meine. Eine Frau, die sich über ihren Verstand definiert, ihre Karriere verfolgt und – ganz nebenbei – dreimal Mutter wird, immer fokussiert, immer stark, immer für andere da und stetig erfolgreich und in die Zukunft orientiert. Aber: nie verträumt, kindisch, verspielt, im Moment. Bis der Punkt kommt, an dem ihr Körper entscheidet, das Versäumte nachzuholen. Sie darf nach und nach wieder Kind sein, sich im Moment verlieren und von ihrer Familie umsorgen lassen, für die sie so lange stark war. Sie darf endlich schwach sein. Da-Sein. Das ist mit unserem Verstand schwer zu begreifen und noch schwerer zu ertragen. Gehen wir jedoch davon aus, dass unsere Seele hier auf der Erde ist, um zu lernen und ihren karmischen Plan zu erfüllen, macht es Sinn, dass sie natürlich nichts unerledigt lassen möchte. Die Geschichte will zu Ende erzählt werden, der Kreis soll sich schließen. So sieht es für mich heute aus. Für dich mag es ganz anders aussehen, sich ganz anders anfühlen. Das ist auch völlig in Ordnung. Ich finde jedoch, dass wir es uns leichtmachen dürfen, das Spiel dieses Lebens mit Freude gestalten dürfen und nicht durch Drama, Schmerz und Leid lernen müssen. Wir dürfen uns Zeit nehmen, einen Schritt zurücktreten, meditieren und in Kontakt mit unseren wahren Bedürfnissen kommen, um diese dann aktiv auszuleben – egal, was andere sagen oder denken mögen. Du bist für dich und dein Wohlergehen verantwortlich. Niemand sonst. Und du brauchst keine Krankheiten, um zu lernen, was wirklich zählt.

Die nachfolgenden Fragen helfen dir hoffentlich, deine männliche und deine weibliche Seite besser kennenzulernen, dich mit ihnen auszusöhnen und zu verbinden.

Meine weiblichen Attribute

Kennst und achtest du deine eigenen Bedürfnisse?

....

Nimmst du dir Zeit für dich?

....

Gönnst du dir Entspannung und Muße?

....

Hörst du auf deine Intuition?

....

Kannst du dich gut spüren und wahrnehmen?

....

Erlaubst du dir, zu empfangen und zu nehmen – bedingungslos?

....

Kannst du loslassen und vertrauen?

....

Erlaubst du dir, deine Sensibilität zu zeigen? – Wann und wann eher nicht?

....

Kannst du dich der Liebe und deinem Partner hingeben?

....

Genießt du deine Sexualität?

....

Wie fühlst du dich in der Verbindung zu deiner Mutter, deiner Schwester, deiner Tochter, Freundin, Kollegin – mit allen weiblich geprägten Menschen?

....

Meine männliche Seite

Wann bist du entschlossen, dynamisch, aktiv und willst etwas erreichen?
....

Kannst du bedingungslos geben?
....

Wann übernimmst du gerne Verantwortung?
....

Bist du bereit, deine Visionen zu verwirklichen?
....

Setzt du dich für dich selbst ein?
....

Kannst du NEIN sagen, wenn es darauf ankommt?
....

Bist du konsequent, wenn du spürst, dass dir etwas (nicht) guttut und du etwas verändern möchtest?
....

Nennst du die Dinge beim Namen und bringst etwas auf den Punkt?
....

Ist es dir möglich, präsent und sichtbar zu sein?
....

Wie geht es dir mit deinem Vater, Bruder, Sohn, deinen Nachbarn, Freunden, Vorgesetzten, Kollegen, Lebens- oder Geschäftspartnern – mit allen männlich geprägten Menschen in der Nähe?
....

Wann oder mit wem hast du dich als Frau vollkommen gefühlt?

....
....
....
....
....
....
....

Wirst du beide Seiten in dir annehmen und leben? Männliche Eigenschaften hast du vermutlich schon genug, dann mach doch am besten gleich einen Plan für mehr weibliche Momente in deinem Leben.

Jeden Tag:

- ☐ Massage
- ☐ Friseur
- ☐ schwimmen
- ☐ kochen
- ☐ singen
- ☐ Kosmetik
- ☐ Kino

- ☐ träumen
- ☐ lesen
- ☐ malen
- ☐ Kino
- ☐ stricken
- ☐ Qigong
- ☐ ....

- ☐ Sauna
- ☐ nähen
- ☐ Wellness
- ☐ Yoga
- ☐ Theater
- ☐ backen
- ☐ ....

- ☐ (Tagebuch) schreiben
- ☐ Mädelsabend
- ☐ telefonieren
- ☐ Blumen pflücken
- ☐ meditieren
- ☐ Pediküre/Maniküre
- ☐ ....

Jede Woche:

☐ Massage	☐ träumen	☐ Sauna	☐ (Tagebuch) schreiben
☐ Friseur	☐ lesen	☐ nähen	☐ Mädelsabend
☐ schwimmen	☐ malen	☐ Wellness	☐ telefonieren
☐ kochen	☐ Kino	☐ Yoga	☐ Blumen pflücken
☐ singen	☐ stricken	☐ Theater	☐ meditieren
☐ Kosmetik	☐ Qigong	☐ backen	☐ Pediküre/Maniküre
☐ Kino	☐	☐	☐ ....

Jeden Monat:

☐ Massage	☐ träumen	☐ Sauna	☐ (Tagebuch) schreiben
☐ Friseur	☐ lesen	☐ nähen	☐ Mädelsabend
☐ schwimmen	☐ malen	☐ Wellness	☐ telefonieren
☐ kochen	☐ Kino	☐ Yoga	☐ Blumen pflücken
☐ singen	☐ stricken	☐ Theater	☐ meditieren
☐ Kosmetik	☐ Qigong	☐ backen	☐ Pediküre/Maniküre
☐ Kino	☐	☐	☐ ....

Wofür willst du dir darüber hinaus mehr Zeit nehmen?

....
....
....
....
....

Wer könnte dich unterstützen oder eine lehrreiche Hilfe sein?

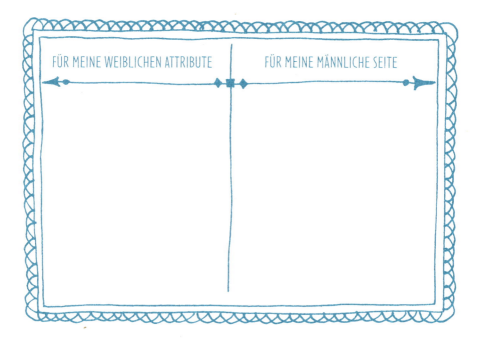

FÜR MEINE WEIBLICHEN ATTRIBUTE | FÜR MEINE MÄNNLICHE SEITE

Und wann willst du regelmäßig überprüfen, ob es sich für dich stimmig und rund anfühlt?

☐ am Ende des Monats   ☐ zum Ersten jedes Monats
☐ immer wenn ....   ☐ jeden Abend

ICH BIN ... –
DIE CHEFIN MEINES
EIGENEN LEBENS

Ich bin ... was ich besitze?
Ich bin ... was ich mache?
Ich bin ... was andere Menschen von mir denken?

    ... schön? ... schlau? ... sportlich? ... weiblich?
    ... ängstlich? ... fremdbestimmt? ... unsichtbar?

Ja, wer bist DU? Wie bist du? Was zeichnet dich aus? Wofür stehst du?

Ganz spontan: Ich bin ...

....
....
....

Nachdem wir ein wenig über den Tellerrand geschaut haben, was wir Frauen im Allgemeinen so machen und wie wir so denken und was wir oftmals glauben, dass andere so denken und machen, würde ich gern mit dir herausfinden, was genau in *dir* und *deinem* Leben vorgeht? Schließlich möchte ich *dir* helfen, die Frau *deines* Lebens zu werden.

Wenn du zum Beispiel Schokolade problemlos widerstehen kannst, Kind und Kegel jedoch, ohne mit der Wimper zu zucken, für Pizza mit viel knusprigem Käse eintauschen würdest, brauch ich dir nichts über einen maßvollen Umgang mit Zucker und Süßigkeiten erzählen. Wenn du dich als starkes, zielstrebiges Energiebündel empfindest, würde dich ein Vortrag über Motivation sicherlich langweilen, eine stille Meditationsrunde dagegen herausfordern. Daher bitte ich dich, bei den folgenden Seiten des Buches *deine* Situation einzubeziehen und zu reflektieren, wie du die Frau *deines* Lebens wirst. Es ist sehr verführerisch, das zu wollen, was andere haben. Aber ist das dann wirklich das Richtige für *dich*?

Als Personal Trainerin werde ich zum Beispiel oft zu meiner Ernährung befragt und natürlich zu Inhalt und Umfang meines eigenen Trainingsprogramms. Ehrlich gesagt, gibt es für mich bislang jedoch noch nicht *die* richtige Ernährung oder das perfekte Work-out. Dafür sind wir Menschen viel zu komplexe Wesen. Eine erwachsene Frau isst und trainiert anders als ein Teenager, eine Schwangere anders als eine Frau nach der Geburt oder wenn sie in die Wechseljahre kommt. Und selbst in den Jahren vor diesem einschneidenden Erlebnis fühlt sich eine Frau vor, während und nach dem Eisprung oder während ihrer Periode immer anders. Genauso wie im Frühling oder im Winter. Die Hormone, die Gene, die Umwelt ... das, was wir sozusagen mitbringen auf diese Welt, und das, was wir daraus machen, hat wesentlichen Einfluss darauf, wie wir leben und was wir brauchen, um uns gesund und in unserer Kraft zu fühlen. Unsere DNA enthält die genetischen Informationen von jeweils sieben Generationen mütterlicherseits und väterlicherseits. Vieles, was unsere Ahnen erlebten, erlitten, erfahren und gelernt haben ist hier für uns gespeichert. Doch das wirklich Entscheidende ist, was du daraus machst. Das gilt für jeden einzelnen Menschen. Allein diese Faktoren sind so komplex und individuell, dass sie schon ausreichen müssten, um sich extrem besonders und einzigartig zu fühlen. Wie kann es da den einen Weg für alle geben?

Als ich zum Beispiel angefangen habe, grüne Smoothies in meine Ernährung zu integrieren, war ich zunächst begeistert. Wie viele um mich herum. Es war Sommer, ich fühlte mich frisch und leicht und voller Energie, als wäre das Licht und die Kraft der Sonne durch das Gemüse und Obst in meinem Shake, direkt in meinen Körper gelangt. Das war herrlich und schien der ideale Start in den Tag zu sein. Für einige Wochen hat das sehr gut für mich funktioniert, bis ich feststellte, dass ich irgendwie nicht mehr die geduldige liebevolle Mami war, sondern permanent gereizt und angespannt, zappelig und unkonzentriert. Smoothies sind eine tolle Möglichkeit frisches Gemüse, Kräuter und gesunde Öle unkompliziert in unsere Ernährung zu integrieren, aber mich hatten sie zu dünnhäutig gemacht. Nicht dass ich vorher besonders dick »gepolstert« gewesen wäre, aber nun lagen meine Nerven im wahrsten Sinne des Wortes blank. Meine Kinder waren mir zu laut, zu wild, zu tollpatschig, zu hibbelig, zu quasselstrippig ... zu viel. Dann noch meine Arbeit, meine Freunde, meine Hobbys und Ideen. Das Leben, *mein* Leben, war mir zu viel. Ich musste dringend wieder etwas ändern.

Ernährung soll stärken und helfen, die Anforderungen des Alltags aufs Höchste und Beste zu meistern, alles andere ist kontraproduktiv. Also modifizierte ich meinen Ernährungsplan erneut. Und das ist der Rat, den ich »meinen Frauen« immer und immer wieder, für jeglichen Bereich ihres Lebens gebe:

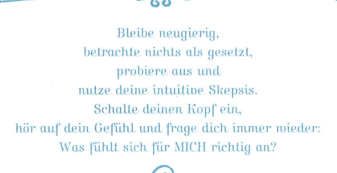

Bleibe neugierig,
betrachte nichts als gesetzt,
probiere aus und
nutze deine intuitive Skepsis.
Schalte deinen Kopf ein,
hör auf dein Gefühl und frage dich immer wieder:
Was fühlt sich für MICH richtig an?

Es ist weniger kompliziert, als du denkst, und bleibt trotzdem ein lebenslanger Lernprozess. Letztendlich geht es immer nur um Balance – unkompliziert und doch alles andere als easy peasy. Balance ist eine Challenge, in allen Bereichen deines

Lebens und Wirkens. Geben und nehmen, hart und weich, warm und kalt, stark und schwach, positiv und negativ, hell und dunkel, gut und böse, schwer und leicht, viel und wenig, nass und trocken, fest und locker ... unsere komplexe Welt besteht aus vielen Gegensätzen und meist neigen wir dazu, in Extreme abzurutschen, das eine zu wollen und das andere zu ignorieren. Nach Licht zu streben und den Schatten nicht haben zu wollen. Ob das nun deine Ernährung ist, dein Sportprogramm, deine Arbeit, deine Freizeit, dein Familienleben, dein Schlaf, dein Erfolg, dein Freiheits- oder Sicherheitsbedürfnis – egal was, dein ganzes Leben sollte in Balance sein. Mit Höhen und Tiefen und Freud und Leid. Ja, denn DAS macht das Leben aus, dass es bunt ist und voller Emotionen und Abenteuer. Und trotzdem darf es so natürlich fließen wie dein Atem. Du wirst weder ersticken noch platzen, wenn sich Nehmen und Geben die Waage halten. Dein Atem ist ein ganz großartiger Lehrmeister in Sachen Lebensenergie und Lebensfluss, Vertrauen und Liebe – zu sich selbst und zu anderen. Und bevor sich das zu esoterisch anhört, schließe die Augen und FÜHLE, was ich meine:

Achte mit geschlossenen Augen auf den natürlichen Fluss deines Atems. Ganz sanft und selbstverständlich strömt er ein ... und aus. Ohne ihn aktiv zu steuern oder künstlich zu verlängern, beobachtest du nur, wie er fließt.
Ein und aus. Wieder ein und wieder aus.
Genau so viel, wie du bereit bist, aufzunehmen und wieder abzugeben.
Frische Luft kommt, und verbrauchte Luft geht.

Das ist Balance.
DAS bist du.
Dein wahres Selbst.

Für mich fühlt sich das warm an, ruhig, zufrieden. Alles ist gut, wie es ist. Es gibt nichts, um das ich mich sorgen müsste. Alles ist. Es ist wunderbar, in dieses Gefühl einzutauchen, sich zu erinnern. Denn viel zu oft bestimmen Situationen wie die folgende meinen Alltag, zerren an mir und schütteln mich ruckizucki aus dieser Ruhe und Zufriedenheit wieder heraus. Vielleicht kennst du das ja auch: Du hast eine Verabredung und bist spät dran. Vielleicht, weil du dich nicht entscheiden konntest, was du anziehen sollst, noch länger telefoniert hast oder deine Haare sich nicht zähmen ließen. Erst suchst du dein Telefon, findest den Schlüssel nicht, dann stolperst du halb die Treppe hinunter, verschickst nebenbei noch Textnachrichten, springst eilig ins Auto. Der Tank ist – natürlich – leer. Die Uhr tickt, der Verkehr schleicht dahin, an der Tankstelle wird vor dir noch Kaffee und Croissant bestellt, Kleingeld nachgezählt und freundlich geschnackt. Arghhhh! Der Puls rast, der Hals schnürt sich zu, der Bauch verkrampft, und die Wut steigt auf. Du kommst definitiv zu spät, und schuld sind die anderen. Oder?

Häufig projizieren wir unsere eigenen Unzulänglichkeiten, Ängste und Frustrationen auf andere Menschen. Die anderen sind schuld an unserer misslichen Lage.

Dabei haben wir doch die Wahl. Jede von uns. Jeden Tag. Jeden Moment.

Zum Beispiel könnten wir ja auch:

... das nächste Mal eher losfahren.
... einfach einmal wild aussehen.
... den Termin absagen und im Bett liegen bleiben.
... uns erlauben, chaotisch zu sein, oder daran arbeiten, den Tag zu strukturieren.
... sein, wie und was wir wollen!

Es gibt keine Zufälle.

Wer bestimmt dein Leben? Du oder die anderen? Wer entscheidet, was die Welt da draußen mit dir macht? Zwischen Reiz und Reaktion haben wir jederzeit die Wahl. Unser ganzes Leben liegt in unserer Hand. Du ärgerst dich? Deine Entscheidung. Du kämpfst? Deine Entscheidung. Du schaust weg. Auch deine Entscheidung.

Wähle zu wählen – auch deinen Stresslevel und dein Aggressionspotential. Du kommst dauernd zu spät? Dann fahr das nächste Mal früher los. Du fühlst dich unwohl in deinem Körper? Dann schau, was du verändern kannst: Bewegst du dich genug? Isst du gesund? Wer hält dich davon ab? Ganz allein du.

Fang an, Verantwortung für dich zu übernehmen. Natürlich ist es verlockend, sich im Bett zu verkriechen und die Decke über den Kopf zu ziehen. An einigen Tagen vermutlich sogar eine sehr heilsame Empfehlung. Doch was ändert sich in deinem Leben, wenn du dich versteckst?

Frage dich doch lieber einmal, wie viel Glück du verdient hast. Oder wie viel Glück du ertragen könntest? Wie viel Fülle du dir erlaubst? Es ist immer leichter, sich über Unglück und Leid zu beklagen, als sich das eigene Glück von ganzem Herzen zu gönnen. Dafür auch noch selbst die Weichen zu stellen. Die Verantwortung zu übernehmen – für Glück und Unglück gleichermaßen. Hör auf, dich selbst zu bemitleiden und deine Energie zu verschwenden, indem du neidisch auf die anderen schaust. Sei in diesem Fall einmal hemmungslos egoistisch und nutze deine Kraft lieber für dich, um dein eigenes Leben in die Hand zu nehmen. Setze dir kleine Ziele und belohne dich für jeden Schritt, den du schaffst. Du wirst sehen, je liebevoller du zu dir selbst bist, desto mehr Liebe kommt auch zu dir zurück. Alle positiven Gedanken und Taten. Ein Lächeln, Aufmerksamkeit, Dankbarkeit, Hilfsbereitschaft, liebevolle Gesten, Wärme, das kostet uns nichts und ist doch so wertvoll.

Ich glaube fest daran, dass alles, was für dich wichtig ist, auch möglich ist. Statt immer nur anderen gefallen zu wollen, nach deren Vorgaben und Wünschen zu handeln oder sich über sie zu ärgern und nach Schuldigen zu fahnden, statt immer nur zu suchen, umschalten auf: bei dir bleiben und *finden*. Auch die eigenen Fehler. Finde, was dich auszeichnet, was sich lohnt auszubauen und zu vertiefen. Finde deinen ganz eigenen Weg zu mehr Liebe, Wachstum und Verbundenheit. Und wenn du dich ärgerst, frage dich, was genau dich gerade eigentlich so auf die Palme bringt. Meist deuten die Dinge, die uns an anderen so ärgern, auf eine Lücke bei uns selbst. Sei achtsam mit diesen Emotionen. Schau dir an, wogegen du (an)kämpfst und wozu … und was du daraus lernen kannst.

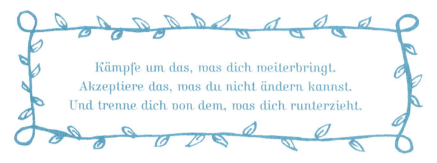

Kämpfe um das, was dich weiterbringt.
Akzeptiere das, was du nicht ändern kannst.
Und trenne dich von dem, was dich runterzieht.

Lass auch das Gefühl des Mangels los und tauche ein in »Fülle«. Wenn du nicht weißt, wie sich Fülle anfühlt, schau doch einmal, was alles in deinem Leben wirklich gut funktioniert und dich von tiefstem Herzen mit Glück und Freude erfüllt.

Hast du ein Dach über dem Kopf?
Ein sauberes Bett für dich allein?
Kannst du mit einem Gefühl von Sicherheit und Frieden einschlafen und aufwachen?
Hast du genug zu essen, wenn du hungrig bist?
Kleider im Schrank? Für jede Jahreszeit?
Hast du Menschen um dich herum, mit denen du reden kannst?

Das ist schon eine ganze Menge. Viel mehr, als viele andere Menschen auf der Erde von sich sagen können. Dabei sind die meisten unserer Probleme wahre Luxusprobleme. Wovon die

Menschen in anderen Ländern träumen, ist für uns Standard. Wenn Hartz IV das Schlimmste ist, was einem passieren kann, versteht man natürlich nur schwer, dass andere Menschen so verzweifelt sind, dass sie im Kampf ums Überleben ihr Land und ihre Familie verlassen, das mühsam zusammengekratzte Geld und sich selbst dubiosen Schmugglern anvertrauen und todesmutig ins Unbekannte aufbrechen. Wir kämpfen in Deutschland auch, sehr viel sogar. Wir kämpfen verbissen und hochfokussiert um Geld, Erfolg, Ansehen, Liebe, um unser kleinkariertes Recht. Nahezu täglich fahren wir die Ellenbogen aus und kämpfen, statt *für* etwas oder jemanden *gegen*:

- unsere Umgebung?
- den Alltag, inklusive morgendlichem Stau im Berufsverkehr oder die Schlange an der Supermarktkasse?
- andere Menschen und deren Erwartungen?
- Grenzen – eigene und fremdgesetzte?
- die Schwerkraft und den Zahn der Zeit?
- überflüssige Pfunde?
- Ängste?

Das hält uns herrlich beschäftigt, raubt aber leider ziemlich viel Energie. Im schlimmsten Fall macht es uns krank. Denn ich kann mich jeden Tag aufs Neue über diese unfähigen Stadtplaner und ihre Baustellen und Ampelschaltungen ärgern, ins Lenkrad beißen, mir wegen anderer Menschen die Haare raufen, oder ich kann das Leben so annehmen, wie es eben ist, und mir mögliche Handlungsalternativen überlegen. Ich kann zunächst um mein eigens Haus gehen, bevor ich über Nachbars Garten schimpfe.

Der Chemiecocktail, der mit unserer täglichen Wut durch den Körper strömt, greift die Magenschleimhaut an, das Immunsystem, die Blutgefäße und das Herz. Sich dauernd aufzuregen ist selbstzerstörerisch, mindestens genauso, als würden wir bei einem Überfall mit einer Waffe schwer verletzt. Darin ist Wut sehr effektiv, doch darüber hinaus ziemlich nutzlos.
Zum Glück haben wir die Wahl. Lohnt sich der Ärger wirklich? Durchatmen hilft eigentlich immer. Zur Not mehrmals. So lange, bis sich das Herz beruhigt hat und die Schmallippigkeit vielleicht sogar einem Lächeln weicht. Vielleicht sogar über uns selbst.

Probier es aus: drei-, viermal ganz tief in die Brust einatmen – kurz halten – und alles wieder raus … raus … raus …

zhhhh … hhhhhaaahh
zhhhh … hhhhhaaahh
zhhhh … hhhhhaaahh

Fühlt sich doch schon viel besser an, oder?
Das Leben scheint so oft nicht fair, aber wie du damit umgehst, liegt ganz allein bei dir.

Wo willst du nicht länger Opfer sein, sondern handeln? Wie? Wann? Pack es an! Zum Beispiel:

....
....
....
....
....
.... *Fangen wir an.*
....

Achte einmal darauf, wie oft du sagst, dass du etwas – aus diesen oder jenen Gründen – »nicht kannst«, dahinter aber eigentlich ein »ich will es nicht« steckt. Ein klares NEIN zu etwas ist meist ein klares JA zu etwas anderem. Hör auf, dich selbst zu belügen. Lerne, die Verantwortung für *dich* zu übernehmen. Finde heraus, was dir guttut, und hol mehr davon in dein Leben.

Viele Menschen glauben, das Leben würde ihnen vor die Füße geknallt und es bleibe nichts anderes übrig, als darauf zu reagieren. Tatsächlich bist du doch die Chefin in deinem Leben und darfst bestimmen, was du aus deinem Leben machst.

Erlaube dir, was immer dich glücklich macht. Nimm dein Leben aktiv in die Hand und vertraue darauf deinen Weg zu finden. Vielleicht siehst du das Ziel noch nicht, vielleicht wirst du einige Umwege gehen, vielleicht werden dir einige Konsequenzen nicht gefallen, und du wirst Lehrgeld zahlen müssen, doch rückblickend wird alles einen Sinn ergeben. Wie Puzzleteile setzen sich die einzelnen Stationen zusammen und formen nach und nach deinen persönlichen Lebensweg. Das geht allerdings nur, wenn du dich darauf einlässt, den Mut hast und das Vertrauen, eigene Fußspuren zu hinterlassen. Wie tief diese sind, wie groß die Schritte und wie steil oder steinig der Weg ist, entscheidest du. Solltest du immer noch der Meinung sein, das die anderen es ja viel leichter haben und du könntest viel mehr, wenn du nicht so vieles andere tun müsstest, dann ist das eben so. Niemand außer dir selbst trägt die Last deiner Lebenssituation. Nur weil andere mehr leisten, mehr verdienen, mehr (er)schaffen, musst du das nicht automatisch genauso machen. Du darfst. Musst es aber nicht. Und schon gar nicht: jetzt. Sofort. Genauso.

Gerade Menschen mit den schlechtesten Startbedingungen oder Schicksalsschlägen – sei es Krankheit, Armut oder Familientragödien – zeigen uns immer wieder, dass wir diesem Schicksal trotzen können und trotzdem in der Lage, sind, ein Leben in Glück und Zufriedenheit zu leben.

Es ist dein Weg, deine Energie, deine Verantwortung, es sind deine Konsequenzen. Huch, das hört sich schon wieder folgen*schwer* und negativ an, oder? Hab keine Angst. Es ist nur das Leben. Etwas, das es zu kreieren und vor allem individualisieren gilt und das eben nicht nach dem Prinzip »Höher-schneller-weiter«, sondern »Ich-im-Hier-und-Jetzt-mit-meinen-Regeln-und-meinem-Tempo«

funktioniert. Und dazu gehören natürlich auch: »meine-Fehler-und-mein-Lerneffekt«.

Was *willst* du gerade wirklich?

....
....
....
....
....
....
....
....

Wo fürchtest du die Verantwortung und versteckst dich vielleicht (noch) vor ihr?

SEI EHRLICH!

....
....
....
....
....
....
....

Welche Verantwortung willst du vielleicht gar nicht (mehr) übernehmen?

....
....
....
....
....
....
....

Mit jedem Atemzug kannst du dich von Zwängen und Konventionen befreien und die Chance nutzen, deinen Traum zu leben, Alternativen gründlich abwägen und danach deine Entscheidungen treffen. Hört sich das nicht toll an? Mach mit! Atme!

Atme Fülle und Leichtigkeit ein und alles, was dich einengt, beschränkt oder belastet, aus ...

... so lange, bis du ruhig wirst, klar siehst und klar denkst ... und wieder weißt, was zu tun ist.

DIE VIER SÄULEN DEINES TEMPELS – WIE WILLST DU LEBEN?

Wie bei einem griechischen Tempel stützen sich Körper, Geist und Seele auf vier wesentliche Säulen: Sicherheit, Orientierung, Wachstum, Kraft. Wenn diese vier Säulen sich harmonisch ergänzen und stabil sind, wir selbst in Balance sind, dann fühlen wir uns stark, mächtig, sicher, zufrieden. Dann haben wir eine Perspektive im Leben, fühlen uns mit anderen verbunden, können weiterhin wachsen und empfinden uns selbst und andere als Bereicherung. Diese vier Säulen tragen uns.

Wird eine Säule vernachlässigt oder bricht sie ganz weg, wackelt das Dach und wir fühlen uns schief. Als ich meine Freundin Kerstin kennenlernte, war ihr Tempel Weltklasse. Sie hatte einen Mann, den sie liebte, einen spannenden Job, in dem sie als Partner zusammen gut funktionierten und in den sie viel Zeit investierten, was ihr viel Freude und Anerkennung einbrachte, eine Wohnung wie aus der Zeitschrift »Schöner Wohnen«, tolle Freunde, eine liebevolle Familie. Tipptopp. Alles. Und dann? Entdeckte sie, dass ihr Mann sie mit einer anderen

Frau betrog. Die Konsequenzen, die sie für sich daraus zog, führten zu folgendem Szenario: kein Mann, kein Job, keine Wohnung. Hörst du den Putz von den Säulen herunterrieseln? Aber sie hatte noch ihre Freunde und ihre Familie, und auch wenn sie eine wirklich harte Zeit durchlebte, so hat sie aus ihrer verbleibenden stabilen Säule genug Kraft, Sicherheit und Orientierung schöpfen können, um ihren Tempel wieder zu sanieren. Sie hat uns allen gezeigt, wie wir durch solche Phasen stärker werden und wachsen können. Und heute? Liebe, Mann, Haus, Beruf, Perspektive, Freude, Vertrauen, Gelassenheit – alles wieder im Lot, intakt und stark in ihrem Leben.

WACHSTUM ist unser tiefverwurzelter Wunsch nach Weiterentwicklung, Wissen, Leben. Wir wollen verstehen, was diese Welt im Innersten zusammenhält, und unseren Teil dazu beitragen. Und auch wenn wir nicht wissen, warum Männer ihre tollen Frauen betrügen, so lernen wir Frauen zumindest, wer uns in diesen Zeiten eine helfende Hand reicht, was unsere Werte sind, wie wir zukünftig leben wollen und mit wem und dass alles, was uns nicht umbringt, uns stärker macht, oder? Wir wachsen. Auch daraus. Meist mehr durch die Niederschläge als in den sonnigen Zeiten.

Klare ORIENTIERUNG hilft uns, Entscheidungen zu treffen, unseren Werten und Prinzipien entsprechend zu handeln. Unser Navi zum Erfolg – privatem wie beruflichem. Für meine Freundin hieß das, den Mann zu verlassen, auch nicht mehr in das gemeinsame Büro zu gehen und erst recht nicht, die gemeinsame Wohnung zu behalten. All das hat sie hinter sich gelassen. Eine klare Linie gezogen, losgelassen und einen sauberen Neuanfang gewagt. Das hat sie viel Kraft gekostet, Energie, Vitalität. Sie hat sich Ruhephasen gegönnt, für Trauer, Wut, Ohnmacht, bis sich nach und nach wieder ein Plan formte, an dem sie sich orientierten konnte und fest daran glaubt, ihn umsetzen zu können. Schritt für Schritt schloss sie das unschöne Kapitel für sich ab, blickte nach vorn, ließ das Geschehene los und orientierte sich neu.

Geht es um SICHERHEIT, ist ein wichtiges Grundbedürfnis zum Beispiel unsere finanzielle Sicherheit. Was so viel bedeutet wie »das blanke Überleben«. Essen, Trinken, Kleidung, Miete, Wissen – all das kostet Geld. Vor einigen Tagen habe ich neue Schulbücher für meine beiden Kinder gekauft. 220 Euro! Weg. Einfach so. Zack. Nur die Bücher! Hefte, Pinsel, Farben, Turnschuhe ... exklusive. Sommerferien, Winterurlaub, Geburtstagsgeschenke, Weihnachten, Ostern – all das kann das Konto ordentlich schröpfen. Wer einmal ernsthafte Geldsorgen hatte, weiß, was für körperliche Schmerzen das verursachen kann. Stress für Geist und Körper. Ist genug Geld vorhanden, schenkt es vielen Menschen nicht nur ein Gefühl von Sicherheit, auch Macht und Freiheit. Doch wie viel ist dafür nötig? Gibt es »genug«? Was ist »zu wenig«? Und welche Ausgaben sind sinnvoll und wichtig? Wissenschaftler können diese Fragen in Zahlen beantworten: Einer Studie der Universität Princeton zufolge macht bis zu einem Jahresnettoeinkommen von rund

60 000 Euro jeder zusätzliche Cent glücklicher. Danach gibt es keine weitere Steigerung des Wohlbefindens. Und wie fühlt sich das an, »genug« zu haben? Es scheint, als wären (fast) alle Menschen angetrieben von der Angst vor »zu wenig Geld« – egal, wie hoch oder niedrig der aktuelle Kontostand ist. Wenn dein Gehalt für dich dann noch deinen (Markt-)Wert spiegelt, wird aus etwas so abstraktem wie »Geldverdienen« etwas sehr Persönliches. Auch wenn wir den Kampf mit dem Säbelzahntiger längst hinter uns gelassen haben, so geht es doch noch immer, jeden Tag aufs Neue darum, zu überleben. Schutz zu finden. In *Sicherheit* zu sein. Sich sicher zu fühlen und eine Basis zu haben: bei einem Partner, in einer Festanstellung, innerhalb der Familie, des Freundeskreises, der Wohnung, des Wohnviertels.

KRAFT ist gleichzusetzen mit Energie, mit Vitalität. Es ist die Fähigkeit, zu handeln, dein Leben zu gestalten und aktiv in die Hand zu nehmen. Am weiblichen Zyklus können wir sehr deutlich sehen, wie wir mal mehr und mal weniger in unserer Kraft sind. Wie es ganz natürliche Phasen des Aufbaus und des Wachstums gibt, wo wir nur so vor Kraft und Energie strotzen, aufblühen und andere mit Leichtigkeit von uns begeistern und mitreißen können. Und ebenso natürlich gibt es die Phasen, der Ernte, der Ruhe, des Rückzugs, wo wir uns schlapp und manchmal leer oder uninspiriert fühlen. Alles ist wichtig, alles zu seiner Zeit. Wer akkuschwach noch Höchstleistungen verbringen will, betreibt Raubbau an sich und riskiert Krankheiten. Auch wer sein Potential ignoriert und selbst begrenzt. Vermutlich leben nur wenige danach, was jedoch nicht heißt, dass es unmöglich ist. Meine Freundin wusste den Regen für sich zu nutzen und vertraute auf den Sonnenschein, der wieder in ihr Leben finden wird. Ihre Prinzipien, ihre Einstellung, das Leben zu betrachten, haben ihr Kraft gegeben, sich nicht dauerhaft eingeengt und begrenzt zu fühlen, sondern diese Phase als Etappe zu sehen, um zu wachsen. Aber auch ihre Freunde und Familie, in denen sie sich sehr gut gespiegelt sah, halfen meiner Freundin dabei, wieder ihren Weg zu finden.

Was denkst du? Nach welchen Prioritäten richtest du dein Handeln aus, um Kraft, Sicherheit, Wachstum und Orientierung zu erlangen und dich entwickeln zu können?

- ☐ Partnerschaft
- ☐ Familie/Kinder
- ☐ Freunde
- ☐ Glaube/Kirche
- ☐ Geld
- ☐ Arbeit
- ☐ Wissen
- ☐ Wettstreit/Gewinnen
- ☐ Spaß
- ☐ Schönheit
- ☐ Ich
- ☐ ...

Vermutlich wirst du mehrere Kreuzchen gemacht haben. Jeder einzelne Bereich kann uns Sicherheit schenken, Kraft und Orientierung. Je stabiler unser Fundament, umso größer kann auch das Dach werden, sprich: Unser Horizont wird weit, unser Einflussbereich groß.

Nimmt einer dieser Faktoren mehr Raum für sich ein, kippt das Gleichgewicht an anderer Stelle, und nicht nur das Tempeldach verrutscht, sondern auch die betreffende Person wird sich schief fühlen. Bei sehr vielen Menschen ist Sicherheit extrem ausgeprägt. Nach dem Motto: Lieber den Spatz in der Hand als die Taube auf dem Dach, streben sie zum Beispiel nach Sicherheit im Beruf. Das kann natürlich viel Kraft schenken, um in anderen Bereichen zu wachsen. Es kann aber auch der *sichere* Schritt sein, um einzurosten – geistig und körperlich, was wiederum zu Lasten von Kraft und Orientierung geht. Wenn ich mich müde und perspektivlos zur Arbeit schleppe, wie soll ich dann die Kraft finden, mich nach Alternativen umzuschauen, meinen Körper zu bewegen, meinen Horizont erweitern zu wollen? Und in welche Richtung überhaupt? Da ist dann schnell wieder Angst. Also lieber nicht über den Tellerrand schauen? Lieber im sicheren Trott dahintippeln? Und wie sicher ist das eigentlich wirklich, wenn es auf der anderen Seite meine Vitalität einschränkt?

Hast du zum Beispiel vor allem »Geld« angekreuzt, wirst du dich vermutlich sehr über dein Einkommen, deinen Kontostand definieren und schnell unsicher, wenn es doch einmal knapp wird oder jemand anderes mehr verdient. Demzufolge wird all dein Handeln darauf ausgerichtet sein, gegenzusteuern beziehungsweise zuverlässig viel Geld zu verdienen – koste es, was es wolle. Egal ob Familienfeier, Kinoverabredung mit der besten Freundin oder Urlaubspläne, immer werden Jobtermine, E-Mails oder die Anordnungen deines Chefs wichtiger sein.

Bist du dagegen familienzentriert, wirst du dich sehr über deine Kinder und euer Familienleben definieren und deine Entscheidungen sorgfältig danach abwägen, ob sie zum Wohl der Familie sind. Du wirst deine persönlichen Wünsche, Träume, Wissenslücken vernachlässigen, wenn sie nicht familienkompatibel sind. Musst du doch einmal länger arbeiten, quält dich das schlechte Gewissen, weil es sich so anfühlt, als hättest du dich gegen deine Familie entschieden. Und wenn es mal kriselt? Mann, Kinder und die Schwiegereltern rebellieren? Dann kratzt das massiv an deinem Selbstwertgefühl. Woran willst du dich dann festhalten, wenn die anderen sich wegdrehen?

Ähnlich ist es auch mit freundschaftsorientierten Menschen. Bei ihnen ist es dann nicht die Familie, sondern der Freundeskreis, über den sie sich definieren und der dadurch (mit)entscheidet, was sie aus ihrem Leben machen. Häufig fragst du dich: Was denken wohl meine Freundinnen über meinen Job, die Beziehung, meinen Plan, dieses Jahr endlich surfen zu lernen. Gut, wenn ihr einer Meinung seid. Doch was, wenn nicht? Bist du dann trotzdem stark genug, *deinen* Weg zu gehen?

Was könnte ein gutes Fundament sein (oder eine gute Kombination), aus dem du beständig, Sicherheit, Kraft, Wachstum und Orientierung für dich ziehen könntest?

....
....
....
....
....
....
....
....

Stabilität ist für mich ...

....
....
....
....
....
....
....

Ich fühle mich immer dann in meiner Kraft, wenn ...

....
....
....
....
....
....
....

Wirklich sicher fühle ich mich ...

....
....
....
....
....
....
....

Viele Menschen würden sich vermutlich als größere Bereicherung für die Gesellschaft fühlen, wenn sie statt der permanenten Sorge um ihren Lebensunterhalt,

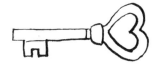

um ihre (finanzielle) Sicherheit, sich ausschließlich dem widmen könnten, was sie gerne machen würden.

Was würdest du machen, wenn Geld für dich kein Thema wäre?

....
....
....
....
....
....

Diese Frage führt manchmal zu unseren eigentlichen Leidenschaften und vielleicht sogar zu unseren wahren Talenten. Manche Frauen, die ich kenne, würden dann gerne

- ein Drehbuch schreiben
- Reisejournalistin werden
- Gebärdensprache lernen
- ein kleines Café führen und selbstgebackene Kuchen und selbstgemachte Eiscreme verkaufen
- eine Hundeschule eröffnen
- noch mehr Kinder bekommen

So viele Frauen träumen so wunderbare Träume, haben so großartige Begabungen und leben sie nicht aus, weil sie arbeiten gehen müssen, die Kinder ernähren, das Dach über dem Kopf finanzieren. Alles enorm wichtig. Doch was passiert mit unseren Träumen, die wir nicht ausleben (können)? Was wird aus unseren Talenten, wenn wir sie verkümmern lassen? Im Alltagstrott kommen wir kaum dazu, unser Leben so genau unter die Lupe zu nehmen und uns diese Fragen zu stellen. Meist erst, wenn uns etwas ausbremst oder aus der Bahn wirft. Das kann so etwas Unangenehmes sein, wie betrogen zu werden oder ein gebrochener Fuß, aber auch so etwas Großartiges wie Schwangerschaft und Geburt. Auch das ist so eine Lebensphase, wo wir raus aus dem Alltag und hinein in ein neues Abenteuer geschubst werden. So ein kleines Baby kann ziemlich viel auf den Kopf stellen. Die Emotionen, die Hormone und die neue Rolle als Mama ... in Elternzeit ... mit einem Mann, der nun auch Papa ist ... das lässt viele Fragen aufkommen, Erwartungen revidieren, Gedanken sortieren. Prioritäten verschieben und Dinge verändern sich. Manche Frauen stellen überrascht fest, was für ein Muttertier in ihnen steckt. Viele Frauen suchen danach vergeblich. Ihnen fehlt auf einmal der Job, das Büro, der Austausch mit den Kollegen. Aber alle stellen sich die Frage nach der Zukunft. Wie soll es nun weitergehen? Wer schon nach wenigen Wochen zu Hause merkt, dass die Elternzeit eine Art Befreiungsschlag und die Rückkehr in den alten Job auf einmal keine Option mehr ist, wird sich vermutlich bange fragen: Was mache ich dann? Vollzeitmama? Gleicher Job, neuer Arbeitgeber? Eine

Weiterbildung? Etwas ganz anderes, völlig Neues? Die Elternzeit ist eine großartige Gelegenheit für uns Frauen, Bilanz zu ziehen und sich in Ruhe anzuschauen: Wer bin ich? Was will ich? Um welches Zentrum möchte ich mein Leben aufbauen?

Ich habe zum Beispiel eine Bekannte, die als Fotografin um die Welt jettet. Auch wenn sie mich mit ihren Instagram-Bildern ein Stück weit mitnimmt, reicht mir das manchmal nicht. Dem Fernweh und der Abenteuerlust in mir ist es egal, ob das Jetset-Leben kompatibel mit der Schulpflicht meines Sohnes ist. Müsste ich mich zwischen Family-Chaos und andauerndem Weltenbummeln entscheiden, würde ich dennoch auch heute wieder Ersteres wählen, doch an grauen, nasskalten Großstadtnachmittagen komme ich schon einmal ins Straucheln und vergesse dann auch die andere Seite der so schillernden Instagram-Medaille: Ferne Städte und fremde Länder zu bereisen ist super, aber auch anstrengend. Wer häufig weit weg ist, ist selten zu Hause bei Freunden und Familie. Wer überall immer nur kurz bleibt, verpasst auch mal innige Momente konstanter Beziehungen – Geburtstage, Jubiläen, Gartenfeste, genauso wie Herzschmerz oder Sinnkrisen. Nähe. Und dann das Leben auf Flughäfen, mit Warteschlangen, Neonlicht und Aircondition oder die  Anonymität von Hotels oder in fremden Städten. Will ich das dann auch? Andererseits hat auch die Mama-Medaille nicht nur eine spießige, anstrengende, abgenutzte, gummibärchenverklebte Seite. Ein Leben mit Kindern ist mindestens genauso ein Abenteuer wie die Reise zum Mittelpunkt der Erde oder in ferne Galaxien. Wer hätte gedacht, dass ich diese beiden Zwerge so lieben würde? Dass ich überhaupt so lieben könnte? Irgendwas ist immer, und anders kommt es sowieso. Auch ein Abenteuer.

Ich habe mich damals bewusst für meine Kinder entschieden, weil mir mein (vermeintlich) aufregendes Leben zuvor auf einmal nicht mehr so attraktiv erschien, wie eine eigene Familie zu gründen, endlich irgendwo anzukommen und ein Nest zu bauen. Was sich in der Theorie so schön angefühlt an, war dann doch harte Arbeit. Aber diese aktive Entscheidung »pro Kind« ist jeden Tag mein wichtigster Anker, wenn es mal wieder in mir schnattert, was denn die anderen alles so Tolles machen. Und doch finde ich es nicht ganz selbstverständlich, dass meist die Frau zu Hause bleibt, wenn die Kinder krank sind, Mama den Kindergeburtstag organisiert, Zahnfee spielt oder Plätzchen backt. Während ein Mann heftiges Schulterklopfen erntet, sobald er im Job aufsteigt, regelmäßig Metropolen bereist oder Tag und Nacht für die Firma unverzichtbar wird, stellt jeder einer Frau in der gleichen Situation besorgt die Frage: Und was machst du mit den Kindern? Ihn fragt das niemand! Ein Gleichgewicht herrscht hier noch lange nicht.

Kein Wunder, dass wir Mütter dann auch mal den Kopf verlieren und schimpfen, dass die Kinder so einengen und uns fremdbestimmen. Wenn die Kinder nicht wären:

- könnte ich länger arbeiten und mehr Geld verdienen,
- abends ausgehen und endlich meinen Singlestatus beenden,
- leidenschaftliche Nächte mit meinem Mann verbringen,
- mehr Sport machen,

- morgens meditieren,
- längere Reisen unternehmen,
- usw.

Ja, wegen der Kinder geht das alles nicht. Das stimmt. Bestimmt. Doch was ist die Alternative? Die Kinder weggeben? Du *musst* das nicht machen. Befreie dich von dieser Last.

Du. Musst. Das. ALLES NICHT MACHEN.

Nach einem kurzen Schreck kommt schließlich meist die Erkenntnis: »*Meine* Kinder weggeben? Auf gar keinen Fall! Die sind doch das Wichtigste in meinem Leben!« Aha. Soso. Na dann ... ist das wohl doch keine Alternative.

Auch ich bin unglaublich dankbar und glücklich über meine beiden Nasenzwerge, kann aber auch gut nachvollziehen, wenn eine Frau sagt: »Nö, Kinder will ich nicht.« Meist »gebären« diese Frauen großartige Projekte, Ideen, Kunstwerke, Firmen. Muss eine Frau zwingend auch Mutter sein?

Sechs Millionen Frauen haben in Deutschland Probleme, schwanger zu werden. Ein persönliches Schicksal, das durch die gesellschaftlichen Erwartungen an uns Frauen an Schwere gewinnt. So gibt es jene Frauen, die keine Kinder wollen. Frauen, die keine Kinder bekommen können. Frauen die schließlich Mutter werden. Und jede einzelne steht unter Druck – egal, welchen Weg sie geht – eigene Wünsche und gesellschaftliche Ansprüche unter einen Hut zu bringen. Beide Gruppen – Mütter und Kinderlose – sind auf ihre Art produktiv, erschaffen Wunderbares und rechtfertigen sich gleichermaßen: für das, was sie machen und was sie dafür aufgeben.

Viele Frauen sind es gewohnt, zunächst die Anforderungen ihres Jobs oder Bedürfnisse der Familie zu erfüllen, und erst wenn dann noch Zeit und Kraft übrig ist, erlauben sie sich, über ihre eigenen Bedürfnisse nachzudenken. Eine gute Möglichkeit herauszufinden, wie dein Leben zukünftig aussehen soll, ist, es immer wieder vom Ende her zu denken.

Wir alle sterben, jeden Tag ein bisschen. Kaum einer von uns weiß, wie viel Zeit noch bleibt. Warum also so verschwenderisch damit umgehen? Wann immer schwierige Entscheidungen Karussell in meinem Kopf fahren, komme ich darauf zurück und frage mich: Welchen Weg würde ich gehen, wenn ich nur noch ein Jahr zu leben hätte? Würde ich dann diesen Job annehmen? Mich mit diesem Menschen verabreden? Mit meinen Kindern über ihre unordentlichen Zimmer diskutieren? Blumen kaufen? Kuchen backen? Lange Telefonate führen? Meine Eltern besuchen? Meine Freunde beschenken? Mich weiterhin über die nervige Kollegin ärgern?

Was würdest du machen, wenn du nur noch einen Monat zu leben hättest?

Würdest du deinen Job weitermachen?
☐ Ja
☐ Nein
☐ Nur, wenn: ....

....

....

Bei diesem Mann/dieser Frau bleiben?
☐ Ja
☐ Nein
☐ Nur, wenn: ....

....

....

Wenn du noch nicht weißt, was deine Berufung ist, dann frage dich: Worauf willst du am Ende deines Lebens zurückblicken? Dafür hast du ganz Hollywood in deinem Kopf. Hier in dir ist alles möglich, darfst du alles ausprobieren, sein, fühlen. Wir Menschen haben diese unglaublich kraftvolle Fähigkeit zu visualisieren.

Schließ die Augen, atme tief ein und aus, lass alle Anspannung für einen Moment los – im Körper und im Geist ... Und stell dir vor, du liegst als sterbende Greisin im Bett. Dein Haar ist schlohweiß, deine Hände liegen auf der Bettdecke ... wunderschöne Hände, die dir gute Dienste geleistet haben, vom Leben gezeichnet ... es gibt nichts mehr, woran du noch

festhalten musst ... dein Atem geht langsam und ruhig ... es sind deine letzten Atemzüge ...

Wer soll in diesem Moment bei dir sein?

....

....

....

....

Was für ein Mensch willst du sein, wenn du von dieser Welt gehst?

....

....

....

....

Worauf willst du zurückblicken?

Als Tochter: ....

....

....

Als Freundin ....

....

....

Als (Ehe)-Frau ....

....

....

Als Mutter ....

....

....

Als Schwester ....

....

....

Als Oma ....

....

....

Im Beruf ....

....

....

Als Teil der Gemeinschaft/Gesellschaft

....

....

....

Als ....

....

....

DETOX FÜR DIE SEELE – LÖSE DEINE INNEREN BLOCKADEN

Wer einmal gefastet hat, schwärmt noch Monate später von dem Gefühl der Leichtigkeit, Klarheit, Wertschätzung; der Liebe zu sich selbst und dem neuerstarkten wunderschönen Körper(-Gefühl).

Doch der Weg bis dahin ist alles andere als Detox-Delight mit Glitzer zum Frühstück, eher wie eine schlammige Wattwanderung mit Betonfüßen. HÜRDE NR. 1 erscheint bereits nach wenigen Stunden: Hunger. Jede Zelle durchströmender und jeden Gedanken besetzender Hunger. Und dann kommen nach und nach noch NR. 2 BIS 4: Pickel, Stinkeschwitze und Muffelatem. Der ganze Dreck muss erst mal raus. Wie ein Pickel, der sich zunächst mit ekligem Eiter füllt, um damit Unreinheiten gründlich ausspülen zu können. Nicht sehr sexy, aber eine wichtige, extrem spannende und wirklich reinigende Reise ... wenn man sich darauf einlässt. Nur wer durchhält, erreicht die große Leichtigkeit, das innere Leuchten, von dem alle so schwärmen.

Das ist schon verrückt, was allein drei, vier Tage ohne Essen, nur mit Tee, Wasser und Brühe mit Körper und Geist anstellen.

Romano Guardini war Religionsphilosoph und beschrieb den Prozess des Fastens wie eine sanftmütige Reise:

> Zuerst wird nur der Mangel gefühlt;
> dann verschwindet das Verlangen nach Nahrung …
> Zugleich geht beim Fasten etwas Innerliches vor sich.
> Der Körper wird gleichsam aufgelockert.
> Der Geist wird freier.
> Alles löst sich, wird leichter, Last und Hemmung der Schwere werden weniger empfunden.
> Die Grenzen der Wirklichkeit kommen in Bewegung; der Raum des Möglichen wird weiter …
> Der Geist wird fühliger. Das Gewissen wird hellsichtiger, feiner und mächtiger.
> Das Gefühl für geistige Entscheidungen wächst …

So soll es sein. Lass uns Entscheidungen treffen, die wonnige, wohlige Auswirkungen auf den Körper haben. Fasten ist für viele Menschen sehr heilsam, aber es gibt noch weitere Möglichkeiten zu entschlacken, Ballast abzuwerfen, aufzulockern und auszubalancieren, was Körper und Geist beschwert. Von innen nach außen.

Unser Körper ist das Haus der Seele, beides ist untrennbar miteinander verbunden. Wer eine saubere Wohnung haben will, sollte sich eben auch regelmäßig Zeit nehmen und die dreckigen Ecken ausputzen. Eine Weile können Staubflusen ignoriert und Krümel unter den Teppich gekehrt werden, doch irgendwann fühlst du dich nicht mehr wohl, und der Teppich wird zur Stolperfalle. Die Energie, die du in deine Wohnung steckst, indem du wischst, saugst, polierst und sortierst, bekommst du sofort wieder zurück. Dafür muss eigentlich kaum etwas neu gekauft oder ersetzt werden, meist reicht etwas Aufräumen und Ausmisten, Unnötiges aussortieren und Wertvolles aufpolieren. Genauso funktioniert das auch, wenn du dich in deinem Leben unwohl fühlst oder herumstolperst. Schau dir deine inneren Räume genau an, dann fang an, sie zu ordnen, putze, lüfte sie durch, und du wirst frische Energie zurückbekommen.

Fasten hört sich oberflächlich nach Verzichten an, dabei ist es eher ein Sichöffnen für wirklich Wichtiges und ein Sichweigern, in Materie zu ersticken mit dem Ziel, sich von allem Überflüssigen lächelnd zu verabschieden.

Ist das gut, oder kann das weg?

Diese Frage wird der rote Faden für die folgenden Seiten sein. Nicht alles tut dir gut, und nicht alles muss weg. So viel Schönes trägst du bereits in dir. Es geht nur darum, zu entfernen, was deine Energie blockiert, ins Stocken gebracht, was dich eingeengt oder dein Licht verdunkelt hat. Eine Detox-Kur hilft dir, zu entschlacken und dich aufs Wesentliche zu konzentrieren, nicht mehr, aber auch nicht weniger. Du wirst davon keine längeren Beine, kleineren Füße, größeren Brüste oder geraderen Zähne bekommen. Aber deine Energie klarer sehen und spüren – dein wahres Selbst, das dein Aussehen, deinen Charakter und deine Aufgaben bestimmt. Körper und Geist werden gestärkt und entgiftet und werden sich dafür bedanken, dich stützen, tragen, bewegen und vielleicht sogar wie neu anfühlen. Nur was ist die Spreu und was der Weizen? Was kann weg, und was darf bleiben? Was tut dir gut? Welche wertvollen Dinge hast du vielleicht durch Achtlosigkeit verloren und möchtest du wieder integrieren?

INNERE BLOCKADEN

Eine unserer größten Blockaden ist sicherlich die ANGST. Keine geringere als die Angst ums Überleben. Das ist natürlich extrem wichtig, damit wir nicht mit offenen Augen ins Messer rennen, damit wir dieses Leben als ein kostbares Geschenk wertschätzen und mit aller Kraft beschützen. Doch meist nehmen wir uns aus Furcht nicht den Raum, den wir brauchen, leben wir nicht die Freiheit, die uns wachsen lässt. Ein ausgeprägter Überlebensinstinkt ist super, allerdings sollte er durch Intuition und Vertrauen gespeist sein und nicht durch permanente Angst. Vertrauen auf die eigenen Stärken, die Wurzeln und das individuelle Geschick, etwas Gutes daraus zu machen. Vertrauen, dass alles gut ist, besser wird, dass es kein Richtig oder Falsch gibt.

Sag dir nun bitte einmal laut:

Ich bin eine Traumfrau.

Wie hört sich das für dich an? Wie *fühlt* sich das an?

Bei mir ist das ungefähr so: Ich wachse ein paar Millimeter, ein vorsichtiges Lächeln, mein Brustkorb öffnet sich; weiche, wohlig warme Gefühle steigen auf. Doch gleich danach kommt ein »TRAUMFRAU? ICH?«, gefolgt von so einem dumpfen Gefühl im Bauch, das mir ein klares »Vorsicht!« signalisiert. Und schon sinken die Schultern, der Kopf auch – Deckung! Ich habe Angst, größer zu erscheinen, als ich wirklich bin. Heller zu strahlen, als ich eigentlich kann... darf? Vielleicht sogar zu blenden? Eine Blenderin zu sein? Verglichen zu werden. Den Erwartungen nicht gerecht zu werden und schließlich, quasi zwangsläufig, meine Umwelt zu enttäuschen. Zu fallen ... und alle schauen zu.

Angst kann unseren Körper wie eine Flutwelle durchströmen, durchschütteln, lähmen. Angst ist Anspannung – im Kopf und in jeder einzelnen Zelle. Einige von uns machen sich dann möglichst klein – bloß nicht gesehen werden! Andere gehen in Kampfposition. Wir mögen uns im Alltag ziemlich unerschrocken vorkommen, unbewusst sind wir jedoch ziemlich angstgesteuert. Vieles davon haben wir von unseren Eltern und deren Eltern übernommen und mit unseren eigenen Erfahrungen gemischt. Sicherlich erinnerst du dich an all die zahlreichen Sätze deiner Eltern und Großeltern, mit denen sie dich vor den Gefahren des Lebens gewarnt haben. Erfahrungen, die sie selbst gemacht haben und vor denen sie dich schützen wollten. Viele einschneidende Erlebnisse deiner Vorfahren sind – unbewusst – auch auf dich übergangen. Das kann eine unerklärliche Angst beim Tauchen sein, vor Feuer, vor engen Räumen oder bestimmten Tieren, ein mulmiges Gefühl in Kirchen, in bestimmten Ländern, Kulturen, Situationen. Angst ist gut und wichtig, wenn es darum geht, uns vor Gefahren zu beschützen. Angst rettet uns manchmal das Leben. Ängste sind durchaus sinnvolle Sicherheitsmechanismen. Unerschrocken von der Brücke zu springen, tollkühn deinen Job zu kündigen oder dir vom nächstbesten Mann einen Ring anstecken zu lassen bringt dich nicht sehr weit auf deinem Weg, die Frau deines Lebens zu werden. Aber es gibt vermutlich einige unbewusste Ängste in dir, auf die du gut verzichten kannst, die dir tief in den Knochen hocken und dich daran hindern, dein Selbst zu entfalten. Wenn Angst deine Lebensenergie blockiert ist sie total unnötig.

Atme tief durch, schließe für einen Moment die Augen. Erinnere dich ... fühle. Mach dir bewusst, wovor du Angst hast:

... vor dem Alleinsein?
... davor, ein Nichts zu sein?
... davor, Verantwortung zu übernehmen?
... vor der eigenen Bestimmung?
... davor, die eigene Bestimmung niemals zu erkennen?
... gesehen zu werden?
... zu hell zu leuchten? Zu blenden? Zu ver-blenden?
... verlassen zu werden?
... andere zu überragen / überragend zu sein?
... vor Verschwendung?
... Erfolg?
... Glück?
... Überfluss?
... Gier?
... Neid?
... Intimität?
... mit einem anderen Menschen zu verschmelzen?
... dich selbst zu verlieren?

Was für Ängste fallen dir noch ein?

....

....

....

....

Schau dir eine davon ganz genau an

....

Und dann frage dich: Was ist das Schlimmste, was passieren kann?

....
....
....
....

Und was passiert dann?

....
....
....
....

Und was ist das Schlimmste daran?

....
....
....
....

Und was passiert dann?
....
....
....
....

Und dann?
....
....
....
....
....

Stell dir diese Fragen so lange, bis dir wirklich nichts Schlimmeres mehr einfällt – erforsche die Ängste, die ganz tief in dir schlummern. Was ist deine größte Angst?

Tauche ein und fühle sie. Auch wenn es eklig, gemein und extrem unangenehm ist. Schau dir vor allem an, wozu dir die jeweilige Angst (vermutlich hast du mehr als nur eine) dient. Sie ist nicht ohne Grund bei dir. Sie will dir dienen und dich beschützen. Wenn du weißt, wovor, kannst du entscheiden, was du damit machen willst: loslassen oder weiterhin daran festhalten? Frage dich immer wieder: Wozu dient es mir?

Schau dir deine Angst sehr genau an.

... vielleicht hilft es dir auch, wenn du sie zunächst einmal aufmalst? Hier! Wie sieht deine Angst aus?

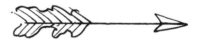

Und wenn sie gehen soll, dann frage sie ruhig: Was brauchst du, um gehen zu können? Vielleicht ist es Liebe, vielleicht Aufmerksamkeit, Respekt, ... frage sie und füttere sie, so lange, bis sie verschwindet.

Der Angst offen zu begegnen hilft, sie zu überwinden.

Nächstes? SCHULD. Von Kindern können wir lernen, wahre Freude zu empfinden, sie ganz und gar zu genießen und es auch zu zeigen. Kinder lachen schallend los, hüpfen und springen durch den Tag, schreien und jubeln ihre Lebensfreude in die Welt hinaus. Sie probieren und experimentieren, machen Fehler, lernen daraus, reifen und wachsen. Wer von uns Erwachsenen kann das noch? Sich einfach nur freuen – für das eigene Glück, die Lebensfülle und das, was man im Leben erreicht hat; ohne Wenn und Aber? Ohne sich schuldig zu fühlen. Und sich mit Herz und ganzer Seele einer Sache oder einem Menschen hingeben. *Ohne* schlechtes Gewissen und die permanente Sorge: Was könnten die anderen sagen? Was könnten die anderen von mir denken?

Ich fühle mich schuldig, weil ...

....
....
....
....

Noch heute ärgere ich mich, dass …

....

....

....

....

....

....

....

Lerne deine Schuldgefühle loszulassen. Für dein Glück bist du niemandem Rechenschaft schuldig außer dir selbst. Du hast ein Recht darauf, glücklich zu sein.

Auch SCHAM blockiert unsere Energie, unsere Willenskraft. Wer nichts macht, macht auch nichts falsch. Wird auch nicht zum Gespött der anderen Leute. Yoga-Lehrer appellieren in ihren Stunden immer wieder an ihre Schüler, auszuprobieren, sich dem Spieltrieb hinzugeben, mit den Asanas auch die eigenen Grenzen zu erforschen; auch wenn es bedeutet, umzufallen, albern auszusehen, sich auch einmal lächerlich zu machen. Tatsächlich ausprobieren wollen das in der Yoga-Stunde nur die wenigsten. Umfallen, wenn alle anderen nach Cirque du Soleil aussehen? Pranayama mit tropfender Nase? Ein Pups, der entfleucht? Egal ob in der Yoga-Stunde oder im Alltag: Zu fallen ist ätzend, vor allem, weil sich so selten der Boden auftut oder ein

Schlupfloch findet, um kopfüber darin zu verschwinden und abzuwarten, bis der Nächste sich blamiert. Aber genau das ist doch der Punkt. Der Nächste und der Nächste und der Überübernächste, auch sie werden sich einmal blamieren, denn auch sie sind nicht allwissend, nicht alleskönnend, nicht perfekt. Also dürfen wir diese Erfahrungen doch genießen, gemeinsam miteinander darüber lachen und einander die Hände reichen, wenn wir spüren, dass sich jemand schämt.

Welche Erfahrungen liegen dir noch heute schwer im Magen?

....
....
....
....
....

Was oder wer (inklusive dir selbst) hat dich enttäuscht? Warum? Womit? Wozu?

....
....
....
....
....

Was hast du aus heutiger Sicht daraus gelernt?

....

....

....

....

....

....

Um in Balance zu kommen und zu bleiben, dürfen wir all unsere Facetten lieben – auch unsere Fehler, sogar die Angst zu versagen. Tiefes Ein- und Ausatmen in den Bauch schenkt dir Kraft und Energie – jeden Moment deines Lebens und erst recht, wenn du das Gefühl hast, deine Mitte zu verlieren oder nicht ausreichend zu spüren. Dann atme! Tief ein ... und aus. Tanke frische Energie, schau an, was dich ängstigt und blockiert. Und dann atme aus, was gehen darf ... lass los!

Liebe wird oft blockiert von TRAUER. Verlust ist schmerzhaft. Vor allem der Verlust geliebter Menschen. Aber sind sie wirklich weg? Oder begleiten sie uns immer noch? Im Herzen? In unseren Gedanken und Taten? Als Engel? Als Energie? Wer weiß das so genau? Und dann gibt es noch all jene Abschiede und Verluste, die wichtig sind, um Platz zu machen für etwas oder jemand anderes. Liebe ist so eine wundervolle Energie, die, wie der Volksmund sagt, zu den wenigen Dingen gehört, die mehr wird, wenn wir sie teilen. Beginne bei dir: Liebe und verwöhne dich, wann immer sich die Möglichkeit bietet. Ein Lächeln im Spiegel, ein wärmendes Getränk, ein Spaziergang im Grünen. Grün ist die Farbe des Herz-Chakras. Genieße die Fülle und Wirklichkeit der Natur mit all dem Wachsen, Nähren und Vergehen und tanke diese Energie mit all deinen Zellen. Und dann teile diese Erfahrungen, diese Liebe, diese Energie mit anderen Menschen. Komm in Kontakt ... das kann eine aufmerksame Geste sein, ein Lächeln, eine Umarmung. Was immer sich gut für beide anfühlt, die Liebe stärkt und hilft, die Trauer loszulassen.

An der Charité Berlin wird gemeinsam mit dem Max-Planck-Institut in Leipzig seit einigen Jahren die Wirkung von Meditation auf das Gehirn erforscht. Aktueller Wissensstand: Unabhängig von Alter, Intellekt oder Geschlecht, verändert sich bereits nach wenigen Wochen Meditation die Gehirnstruktur der Teilnehmer positiv. Der erste Schritt ist das Erlernen von Achtsamkeit. Den Moment, den Körper, den Atem wahrzunehmen. Anschließend lernen die Teilnehmer Empathie, also zu fühlen, was andere fühlen: Dein Lachen macht mich fröhlich, dein Schmerz tut auch mir weh, deine Trauer kann ich spüren. Und nach weiteren Wochen geht es um Mitgefühl, eine Art mütterliches, liebevolles Umarmen; um ein tiefes Verständnis für dein Leben, deine Situation und natürlich gleichzeitig auch für dich selbst. Mitgefühl lernen wir tatsächlich am besten in Zweierbeziehungen, sogenannten Duaden. Denn es ist nicht die Liebe, die Schmerzen verursacht, sondern die Trauer, die Eifersucht, die Zurückweisung, die Enttäuschung. Die Liebe zu nähren, jeden Tag, ist dagegen sehr heilsam.

Wofür bist du heute dankbar ... und wie hat sich das angefühlt?

....
....
....
....
....

Mir kommen immer die Tränen, wenn ...

....
....
....
....
....

Wann und wie und mit wem kannst du Nähe genießen, und wann oder bei wem ist es dir zu nah?

....
....
....
....
....

LÜGE(N) haben nicht nur kurze Beine, sondern sind auch völlig unnötige Energieräuber.

Ganz besonders jene, die wir uns selbst so gern in die Taschen packen. All die kleinen »Ach, das macht doch nichts.«, »Wer braucht das schon ...«, »Wollte ich sowieso nicht ...«, »Hab ich mir schon gedacht, dass es nicht klappt.«, »Mach ich doch gerne.«, »Ich würde so gern ..., wenn ich nicht ...« Unsere Sprache, unsere Wortwahl ist oft selbstsabotierend und noch viel häufiger unklar. Wir plappern und schnattern und sagen dabei unbewusst so manches, was nicht nur andere Menschen, sondern auch unser Unterbewusstsein wortwörtlich nimmt. Dadurch bekommen einerseits andere Menschen ein verzerrtes Bild von uns – woher sollen sie wissen, was du willst, wer du bist, wenn du das nicht klar und deutlich artikulierst? Darüber hinaus kann auch dein Unterbewusstsein kaum Fülle und Freude in dein Leben holen, wenn du (ihm) Sätze sagst wie: »Immer hab ich Pech (mit Männern, im Job, ...).«, »Das kann ich mir nicht leisten.«, »Ständig passiert mir so etwas.«, »Keinen interessiert, was ich will.«, »Das war umsonst.«, »Ich bin so ein Dummkopf.«

Dein Unterbewusstsein ist sehr aufmerksam und unterstützt dich dabei, zu bekommen, was du willst. Dafür braucht es aber klare Anweisungen. »Ich werde versuchen, einen guten Job zu machen«, heißt so viel wie »Ich gebe mir Mühe, aber das reicht vermutlich nicht«. Warum? Weil dein Unterbewusstsein nur »machen« oder »lassen« kennt. Was soll das heißen du »versuchst« es? Machst du einen guten Job oder nicht? Und wer definiert, was ein »guter« Job ist?

Worte sind sehr machtvoll, egal ob gesprochen, geschrieben oder gedacht. Oft genug wiederholt, werden sie Realität. Hast du wirklich immer Pech und ständig Angst, dass dir »so etwas« schon wieder passiert: du den Job nicht bekommst, die Diät nichts bringt, du dir nichts kaufen kannst und es wirklich niemanden interessiert, was du willst? Na dann mach weiter so. Je mehr du dir einredest, Sachen, die du willst, doch nicht zu schaffen, desto mehr wird dir dein Unterbewusstsein bei der nächstbesten Gelegenheit bestätigen, wie recht du doch hast.

»Ich sollte unbedingt ein paar Pfunde abnehmen.« – Ja genau. Bestimmt. Irgendwann einmal? Wie wäre es stattdessen mit: »Ich reduziere jetzt überflüssiges Körperfett und werde einen Weg finden.«

»Der Vortrag war umsonst.« – Wie schade, dann hättest du dir Zeit und Geld sparen können, oder war der Vortrag gratis?

»Ich bin am Ende meiner Kräfte.« – Oje, schon wieder am Ende. Wie wäre es stattdessen mit: »Ich mache jetzt eine Pause, um wieder neue Kraft zu schöpfen.«

Kommunikation ist etwas Wunderbares, denn schon allein durch unsere Wortwahl können wir negative Gefühle abschwächen und positive verstärken:

Welche Gefühle, Bilder, Farben, Formen oder Temperaturen entstehen zum Beispiel durch die Wörter Glatze, Krankenhaus, Sarg, Grau, Mangel, Katastrophe, Elend?

....
....
....
....
....
....

Welche Gefühle, Bilder, Farben, Formen oder Temperaturen entstehen zum Beispiel durch die Wörter Frieden, Sonne, Liebe, Glück, Heiterkeit, Spielplatz, Freibad, Kinderlachen?

....
....
....
....
....
....

Was fällt dir leichter:

Für andere und deren Bedürfnisse oder für dich selbst und deine Bedürfnisse zu sprechen?

....
....
....
....
....
....
....

Liebe Worte hören sich nicht immer nett an ... nette Worte sind nicht unbedingt von Herzen ... manchmal kann glasklare Kommunikation auch heißen: Klappe halten. Oder: Tagebuch schreiben. Schreiben hilft sehr oft, so wie wir das hier machen, die Zusammenhänge besser zu erkennen, Wünsche zu klären, Ärger loszuwerden. Manchmal ärgerst du dich vielleicht über Personen und traust dich dennoch nicht, in den Konflikt zu gehen. Auch dann kann es vielleicht schon ausreichen, einmal alles wortwörtlich von der Seele zu schreiben. Übrigens auch sehr hilfreich bei jeglicher Trauer. Egal, ob es um den Tod eines geliebten Menschen geht oder um Liebeskummer: einfach alles runterschreiben, was nicht gesagt wurde oder das Herz belastet.

> Jedes Wort, jeder Gedanke,
> jede Handlung der Liebe, Dankbarkeit
> oder aus einem konstruktiven Gefühl heraus
> kann zu unserer Gesundheit beitragen,
>
> genauso wie
> Groll, Zorn, Unmut, Angst,
> Ärger, überzogene Selbstkritik
> das Gegenteil bewirken können.

Innen und Außen, Wahrnehmung, Intuition auf der einen Seite und Wissen, Denken auf der anderen – widerspricht sich das, oder ergänzt es sich gut? Was ist echt, fühlt sich wahr an, und was steht dir im Weg?

Was behindert deine Willenskraft?

....
....
....
....
....
....

Kannst du deine Außenwelt wahrnehmen und gleichzeitig Mehrdeutigkeiten aushalten?

....
....
....
....
....

Wie geht es deinem messerscharfen und hochkonzentrierten Verstand mit Entspannung und Unklarheiten?

....
....
....
....
....

Was würde passieren, wenn du deinen Willen durchsetzt?

....
....
....
....
....
....

Bekommst du das, was du willst? Willst du das, was du kriegst? Gar nicht so leicht, oder?

Meditation ist mein Favorit, wenn es darum geht, Innen und Außen zu verbinden, klarer zu sehen und zu vertrauen, wenn mich mal wieder tausend Fragezeichen umzingeln. Auch Märchen und Geschichten sind sehr heilsam und bringen dich in Verbindung mit Kreativität und Phantasie, den unendlichen Möglichkeiten dieser faszinierenden Welt, in der wir leben. Alles ist möglich. Manchmal reicht es schon, den Kopf zu heben, damit der Horizont sich weitet und die Seele wachsen kann ...

... und dann sehen wir plötzlich, wie klein und beschränkt unser Denken oftmals ist und wie groß unsere Möglichkeiten sind. Wie sehr das FESTHALTEN an Dingen unsere Energie, unseren Tatendrang und unsere Vision vom Leben blockiert. Wie frei wir doch sind, wenn wir loslassen. Wie schwer das doch ist ... das Loslassen. Menschen, Beziehungen, materielle Dinge, unsere Ängste ... Gar nicht so leicht, das Loslassen, oder? Festhalten gibt uns das Gefühl der Sicherheit, Loslassen bedeutet, den Mut zu haben, sich seiner eigenen Freiheit bewusstzuwerden.

An welchen materiellen Dingen hängst du wirklich?

....
....
....
....
....
....
....
....

Auf was könntest du in deinem Leben
getrost verzichten?

....
....
....
....
....
....
....
....
....

Wen oder was oder wann kannst du loslassen:

Wozu dient es dir?

....
....
....
....
....

Vertrauen und Glauben helfen, deine Energie zu kultivieren und gezielt zu nutzen, Blockaden zu lösen. Vertrauen ins Leben und in dich. Glauben an einen Sinn, an ein sinnvolles Leben. Auch wenn wir vielleicht nicht alles in unserem Leben aktiv bestimmen und beeinflussen können, so helfen der Glaube und das Vertrauen, dass alles einen höheren Sinn hat, auch wenn wir den nicht immer sofort erkennen. Jeden Moment aktiv zu leben, zu gestalten und anzunehmen bringt dich mehr in deine Kraft, als an Vergangenem zu hängen und deine Energie für Sachen zu verschwenden, die du nicht mehr ändern kannst, oder sie mit Sorgen über die Zukunft zu vergeuden. Auch hier hilft Meditation und Achtsamkeit, dich und deinen Geist in die Gegenwart zu holen, um zum Höchsten und Besten zu wachsen oder dir eine kleine Auszeit von deinem schnatternden Geist zu gönnen.

Eine liebevolle Detox-Kur kann dich in den Flow bringen. Natürlich wären wir gern immer und überall im Flow, doch egal, wie sehr wir an uns arbeiten, wie oft wir denken »Ah-haaah, jetzt hab ich ihn. Now I know!«, zack, stolpern wir über das Leben.

Hoppla!

Und während wir uns irritiert den Schmutz von den Knien klopfen, ist vom Flow nichts mehr zu spüren. Stattdessen grinst uns das Leben frech ins Gesicht: Schau mal hierhin und dahin und dort ... Flow? Pah, da hast du aber noch bisschen was aufzuräumen!

So können wir hundert Jahre alt werden, und trotzdem werden wir das Gefühl nicht los, dass da noch so viel mehr zu lernen und zu erforschen ist.

UNTER DER OBERFLÄCHE – DIE MACHT ALTER GLAUBENSSÄTZE

Kein Wunder, denn unter der Oberfläche, hinter den Glaubenssätzen, die uns belasten, die symptomatisch zu Konflikten oder Krankheiten führen, kann sich so vieles verbergen. Eine gesunde Lebensweise, liebevolle Beziehungen, wertschätzende Verbindungen, vollwertige Ernährung, Bewegung und frische Luft sind spitze, helfen allerdings nur bedingt weiter, wenn wir tief in uns glauben:

Ich bin allein.
Ich bin schwach.
Ich bin ein Nichts.
Ich gehöre nicht dazu.

Glaubenssätze – Überzeugungen, Gefühle, die wir bewusst oder unbewusst für wahr halten. So glauben wir vielleicht:

> Ich brauche Drogen, um Spaß zu haben.
> Ich muss immer kämpfen.
> Das Leben ist schwer.
> Geld verdirbt den Charakter.
> Liebe tut weh.
> Alles hat seinen Preis.

Was wir glauben, was wir denken, was wir bewusst und unbewusst für wahr halten, steuert unsere Handeln, ähnlich, wie die Programmierung eines Computers über dessen Anwendungsspektrum entscheidet. All das Wissen des Programmierers findet sich darin wieder, damit die Technik aufs höchste und beste, effizient und effektiv funktioniert. Das heißt:

Deine Hard- und Software kann jederzeit ein Download, ein Update bekommen, umprogrammiert werden.

All die Glaubenssätze, die aus deiner Kindheit stammen, aus Erfahrungen deiner Familie resultieren oder aus längst vergangen Zeiten, dürfen jederzeit ausgetauscht werden.

> Du darfst jederzeit neue Erfahrungen machen,
> deinen Horizont erweitern
> und dich für andere Wahrheiten öffnen.

Zum Beispiel indem du hinterfragst, was Menschen die dir wichtig sind, die dein Leben prägen, für wahr halten:

Mein Vater sagt(e) immer ...

....
....
....
....

Meine Mutter hat mir schon als kleines Kind gesagt ...

....
....
....
....

Meine Oma war der Meinung ...

....
....
....
....

Mein Opa fand es wichtig ...

....
....
....
....

Eine Erfahrung, die ich nie vergessen werde, ist ...

....
....
....
....
....
....
....
....

Der Lieblingssatz meiner besten Freundin ist ...

....
....
....
....

Sind diese Sätze wirklich wahr? Stimmen sie für dich immer noch? So kannst du dich bewusst auf Entdeckungsreise begeben und überprüfen, wozu dir diese Annahmen dienen und ob sie vielleicht ausgetauscht werden können. Bewusst zu hinterfragen und zu reflektieren hilft unserem Verstand. Das ist gut, weil wir nun einmal so verstandesorientiert funktionieren. Was wir fühlen, ist jedoch meist wahrhaftiger als das, was wir glauben. Eine hilfreiche Methode, tiefer zu graben, diesen verborgenen, unbewussten Glaubenssätzen auf die Schliche zu kommen und sie einfach und schnell zu beseitigen, ist »Tapping« nach Nick Ortners »The Tapping Solution«. Eine Mischung aus chinesischer Akupressur und moderner Wissenschaft, um Gefühle und Sichtweisen aufzuklären. Dabei werden die Energiebahnen deines Körpers mit den Fingerkuppen oder Handkanten abgeklopft, während du laut (aus)sprichst, was dich bewegt und welche Veränderung du möchtest. Du klopfst dich dabei Schicht für Schicht tiefer an dein Unterbewusstsein, näher an deine Gefühle und entdeckst, was dich wortwörtlich bewegt. Unter der Oberfläche können Glaubenssätze schlum-

mern, da zieht's dir echt die Schuhe aus. Ich entdeckte bei mir zum Beispiel den Glaubenssatz: »Ich bin hässlich.« Mit mir allein ging es mir eigentlich gut. Sobald jedoch eine schöne Frau vor mir stand, fühlte ich mich wie ein hässliches Entlein neben einem Schwan. Mein Kopf hat das nicht verstanden. Auf der bewussten Ebene fand ich Frauen wunderschön, schlau, bereichernd. Ich liebe meine Freundinnen und genieße weibliche Netzwerke sehr. Trotzdem: Sah ich eine schöne Frau, zwickte es in meinem Bauch, mein Kopf suchte krampfhaft nach ihren Makeln und gleichzeitig nach Möglichkeiten, meine Defizite auszugleichen – durch Shopping zum Beispiel. Dann kauf ich mir eben auch solche Schuhe und hab dann auch solche schönen Beine. Logisch, oder? Ich fand mein Verhalten anstrengend und entdeckte die Glaubenssätze:

Ich bin hässlich. (Übrigens auch: »Ich bin schön.«
Nicht selten streiten zwei Widersprüche in uns. Teste
das ruhig auch einmal und entscheide dich, mit wel-
chem Glaubenssatz du gehen möchtest.)

Ich hasse Frauen. Na holla, die Waldfee! Das hätte ich niemals gedacht. Umso glücklicher bin ich inzwischen mit meinem Frauennetzwerk, kann die Schönheit anderer Frauen heute genießen und mich sogar für meine eigene Schönheit öffnen.

TAPPING ist eine einfache, schnelle Methode, deine Lebensqualität zu verbessern, dein wahres Selbst zu entdecken und loszulassen, was dein Potential begrenzt. Die ersten Male sieht es wirklich lustig aus, und meine Freundinnen, die immer dankbar für meine Tipps sind, haben sich schlapp gelacht. Anfangs, denn auch wenn du dir albern vorkommst: Es wirkt. Plötzlich siehst du zum Beispiel: Das ist gar keine Wut, sondern das zugrundeliegende Gefühl ist vielmehr eine Sorge oder eine Angst, eine Unsicherheit. Oft geht es um Sicherheit. Wachstum kann gefährlich sein, egal ob finanzielles Wachstum oder das deiner Beziehungen, deiner Familie, deiner Verantwortung, deines Wissens. Also beschützt dich dein Unterbewusstsein davor und hält dich lieber klein. Lange Rede, kurzer Sinn:

WIE GEHT DAS?

Ganz einfach:

1. Du benennst die Situation, das Gefühl, welches dich belastet, oder visualisiert, was dich ärgert, einschränkt, zornig macht. Woran möchtest du arbeiten? Welche Situation, welches Gefühl möchtest du aufklären?

2. Tauch in das Gefühl ein, fühle (auch wenn es eklig ist) und gib diesem Gefühl eine Zahl:

   1 = easy,
   2 = ach na ja, geht schon
   ...
   10 = urggh ... kann kaum reden, so schlimm.

3. Start Tapping ... so lange, bis sich das Gefühl spürbar verbessert, es einem anderen Gefühl weicht oder du das Gefühl hast, dass es für den Moment reicht.

Schreibe stichpunktartig auf, welches Gefühl du klären möchtest. Wo drückt der Schuh? Was macht dich sauer? Bitter? Traurig? Zornig?

....
....
....
....
....
....
....
....

Später reicht es vermutlich, kurz die Augen zu schließen, aktiv in das Gefühl zu gehen, ohne immer alles aufschreiben zu müssen. Wie du magst.

Dann gib diesem Gefühl eine Zahl: Wie schlimm ist dieses Gefühl – auf einer Skala von eins bis zehn?

1   2   3   4   5   6   7   8   9   10

Anschließend klopfst du die folgenden Punkte deines Körpers ab:

die Handkante
über den Augenbrauen
die Schläfen
unter den Augen
zwischen Nase und Oberlippe
zwischen Unterlippe und Kinn
Dekolleté
unter den Achseln
Kopfkrone

... und tauchst verbal zunächst in das negative Gefühl ein, um es schließlich aktiv loszulassen und später vielleicht noch zu erfahren, welche Gefühle und Gedanken, welche Wahrheiten sich hinter dem Symptom noch verbergen.

Wenn du zum Beispiel KOPFSCHMERZEN hast, dann beginnst du wie folgt:

Du klopfst mit den Fingerkuppen der rechten Hand die Handkante der linken Hand und sagst dabei laut: *Auch wenn mein Kopf schmerzt und es sich anfühlt, als würde er gleich explodieren, liebe und akzeptiere ich mich selbst so, wie ich bin – von ganzem Herzen.*
Das wiederholst du noch zweimal und bestätigst immer wieder: *Obwohl mein Kopf weh tut, liebe und akzeptiere ich*

mich so, wie ich bin. Und klopfst währenddessen ununterbrochen die Handkante.

DANACH:
klopfst du über den Augenbrauen und sagst: *Dieser Kopfschmerz ...*
Dann weiter an der Schläfe: *Dieser Schmerz ...*
Unter den Augen: *Dieser Schmerz ...*
Unter der Nase: *Der Schmerz ...*
Zwischen Mund und Kinn: *Dieser schreckliche Schmerz ...*
Dekolleté: *Dieser Schmerz ...*
Unter den Achseln: *Dieser Schmerz in meinem Kopf ...*
Den Scheitel: *Dieser Schmerz ... darf gehen ... jetzt!*

Dann atme tief ein und tief aus und stell dir vor, wie die Schmerzen davonziehen. Stell dir aktiv vor, wie du die Schmerzen in diesem Moment loslässt. Nicht irgendwann, nicht vielleicht ... sondern: jetzt.

Und dann spüre erneut: Wie fühlt sich der Schmerz an? Ist es weniger geworden? Von 8 auf 7? Hat sich etwas verändert? Spürst du etwas anderes? Und dann durchlaufe den Prozess so oft, wie du möchtest, von den Augenbrauen bis zur Krone. Das dreimalige Klopfen der Handkante ist innerhalb einer Sitzung nicht noch einmal unbedingt nötig, kannst du natürlich machen, wenn es dir guttut. Um wirklich Linderung zu spüren oder klarer zu sehen, zu verstehen, sind meist mehrere Klopfdurchgänge nötig. Aber: Jeder ist anders. Vertraue, übe und fühle. Schau dir ruhig auch Videos dazu an, um deine Technik zu verbessern. Im Grunde genommen ist Tapping eine Art Selbstgespräch, ein klopfendes Erforschen. Dabei ist es wichtig, die Situation, das Gefühl, die Scham, den Zorn, was auch immer, zu Beginn des Prozesses zunächst klar zu benennen und zu akzeptieren. Es mag sich für dich negativ anfühlen, aber es ist die Wahrheit: So geht es dir gerade. Erst wenn du in das Gefühl hineingehst und aufhörst zu verdrängen, ist Liebe, Mitgefühl und somit Heilung möglich. Was immer dir über die Leber läuft, dir sauer aufstößt, dich stresst, dir schwer im Magen liegt oder das Herz bricht, kannst du für dich »beklopfen« und schauen, was passiert. Am Anfang ist immer das negative Gefühl:

Obwohl ich Angst vor dem
Vorstellungsgespräch habe, ...

Auch wenn ich wütend auf meine Mutter bin, ...

Auch wenn ich mich dick und hässlich finde, ...

Auch wenn die Trauer mir das Herz bricht, ...

Obwohl ich den Anblick im Spiegel
kaum ertragen kann, ...

Obwohl es mir schwerfällt, diesen Mann,
diese Liebe loszulassen, ...

Auch wenn ich keine Ahnung habe,
wie ich meine Familie ernähren soll, ...

Auch wenn ich nicht weiß
wie es weitergehen soll, ...

Obwohl ich den Stress in jeder Zelle
meines Körpers spüre, ...

Auch wenn der Schmerz in meiner Schulter meine
Bewegungen einschränkt ...

Obwohl dieser ständige Zeitmangel
mir im Nacken hockt ...

... liebe und akzeptiere ich mich selbst so,
wie ich bin, von ganzem Herzen.

Und dann klopfst du die einzelnen Punkte durch, bleibst offen für die Gedanken, Worte und Gefühle, die sich während dieses Prozesses einstellen, entscheidest bewusst loszulassen, was dich belastet, und variierst schließlich die begleitenden Sätze, um Schicht für Schicht aufzuklären.

Und vor allem: um dich zu öffnen für alles, was sein darf, was sich verändern soll:

Ich bin bereit für positive Veränderungen in meinem Leben.
Ich bin liebevoll und geduldig mit mir und mit anderen.
Ich bin stark und kenne meine Stärken.
Ich bin in Sicherheit.
Ich habe die Wahl und vertraue meinen Entscheidungen.
Ich bin ganz da.

Wunder sind möglich. Auch für mich. Jeden Tag.

Alles ist möglich. Immer. Wunder sind nichts anderes als eine unvorhergesehene Wendung. Ein Ereignis, mit dem du nicht gerechnet hast, das sich aber von einem Moment auf den nächsten positiv in das Gesamtgeschehen einfügt. Gerade war es noch so, jetzt ist es auf einmal ganz anders. Je offener du dafür wirst, desto mehr Wunder lässt du in dein Leben. Eine helfende Hand, die dir plötzlich gereicht wird. Eine liebevolle Geste, ein Lächeln, ein Geschenk, Gesundheit, Liebe ... alles ist für dich möglich. Zu jeder Zeit.

(D)EIN LEBEN IM FLOW – ÖFFNE DEIN HERZ FÜR MEHR FÜLLE UND GELASSENHEIT

Wir verändern uns permanent. Wenn nicht wir, dann die Umstände. Irgendetwas ist immer. Wie reagierst du darauf? Wer wird an deiner Seite sein? Wie wird sich das anfühlen? Was wirst du darüber denken? DAS liegt in deiner Macht. Das kann sich anfühlen wie holperdistolper, das darf sich aber auch anfühlen, als wärst du im Flow. Kommt ganz auf die Perspektive an, und darüber entscheidest NUR DU. Und da hätte ich gleich noch fünf ganz beliebte Muster für dich, in die wir uns alle ganz gern einmal verstricken:

DIE ANDEREN
UNKLARHEIT
FEHLENDE KONSTANZ
STARRHEIT
ALLEINKÄMPFERIN

DIE ANDEREN

Die anderen sind die anderen und du bist du. »Wenn alle aus dem Fenster springen, springst du dann auch?«, hat mich meine Mama früher sehr oft, sehr gern gefragt. Und während ich total entnervt dachte: »Die versteht mich einfach nicht ... die hat doch keine Ahnung«, weiß ich inzwischen: Hat(te) sie doch.

DIE ORIENTIERUNG AN DEN ANDEREN

Jeder will besonders sein, anders sein, besser sein – als die anderen – und gleichzeitig nichts falsch machen. Wir optimieren und verbessern uns und orientieren uns dabei nicht an unseren individuellen Begabungen, Bedürfnissen und Wünschen, sondern: an den anderen. Was jedoch von vornherein zum Scheitern verurteilt ist, weil wir dann nur noch Duplikate sein können, Nachahmer. Andere Menschen sind natürlich extrem gute Vorbilder und inspirieren uns, aber eben für unseren eigenen Weg und nicht, um in ihre Fußstapfen zu treten und sie zu kopieren. Hast du das als Kind einmal gemacht? Im Schnee oder am Strand in die Fußspuren deines Papas oder deiner Mama zu treten? Was passiert? Du schaust nur nach unten, nicht nach vorn oder zur Seite. Es ist eine Wackelpartie und kein Spaziergang. Wer sich an anderen orientiert, bleibt in diesem diffusen Wackelstadium. Woran orientieren sich denn die anderen? An anderen? Wo führt das hin? Ist ein Ende in Sicht? Kein Wunder, dass wir alle so ängstlich werden, uns so unsicher fühlen.

DIE ABGRENZUNG VON DEN ANDEREN

»Ich bin ich und du bist du. Und was ich hab, das hab ich; und du musst selbst sehen. wie du zurechtkommst. Sicher ist sicher.« So denken viele, und natürlich sollte jede von uns zunächst sich selbst nähren, lieben und versorgen. Wer jedoch schon einmal wirklich intensiv geliebt hat oder meditiert hat, sich für die Geistwelt und die Energie der Schöpfung geöffnet hat, weiß und fühlt von ganzem Herzen, dass wir alle Teil derselben Energie sind, von demselben Ort kommen, an den wir alle wieder zurückgehen werden, und dass wir in Wirklichkeit alle eins sind. Seelen in unterschiedlichen Entwicklungsstadien, mit verschiedenen karmischen Verbindungen und Aufgaben. Wir *sind* Energie. Alle miteinander verbunden. Eins. Ich bin du, und du bist ich. Und wenn alle aus dem Fenster springen, springt auch ein Teil von mir, allerdings habe ich jederzeit die Kraft und die Pflicht, meinen gesunden Menschenverstand zu aktivieren und solch eine lebensgefährliche Aktion für mich abzulehnen. Viele Erfahrungen in unserem alltäglichen Miteinander sind gar nicht so weit entfernt von dem Fensterszenario: Dinge, die wir besitzen wollen, wie wir aussehen wollen, was wir erleben wollen, wie viel wir arbeiten wollen, was wir erreichen und erschaffen wollen – alles ist häufig eine Reaktion auf andere. Ob das zu uns, unserem Körper, zu unserem Geist oder zu unserer Seele passt oder nicht. Die anderen kaufen sich alle ein iPad, eine iWatch, ein Auto, ein E-Bike, einen Flachbildschirm, trinken Smoothies, machen Yoga, lassen sich die Brüste operieren, die Falten wegspritzen, machen Panchakarmakuren, meditieren,

werden Veganer oder essen nur noch nach dem Paleo-Prinzip – dann will ich das auch. Wir springen einfach mit aus dem Fenster, weil die anderen das machen. Reagieren, meist blind, ohne wirklich in uns hineinzuhören und -fühlen.

Bin das überhaupt ich? Will ich so sein? So handeln?

Aber kann das denn richtig sein – stehen bleiben, wenn alle anderen springen? Da kommt gleich wieder die Angst, und die ist, wie wir ja nun sehr gut wissen, ein extrem wirksamer Motor.

Das darf alles weg – die Angst, anders zu sein, anders zu handeln und zu fühlen, Angst davor, den eigenen Weg zu gehen, Fehler dabei zu machen und am Ende ganz allein dazustehen. Das wird nicht passieren. Du bist niemals allein! Neid, Frust und Zorn und das beständige Sichvergleichen dürfen gern gehen.

... und Platz machen für Leichtigkeit und Freude und neue, eigene Überzeugungen. Hört sich hübsch an, nur: Wie soll das gehen? Zum Beispiel durch Tapping, aber auch durch Rituale, Gedanken und Routinen. Nur wenige Minuten jeden Tag können dir helfen, Liebe und Dankbarkeit in dein Leben einzuladen und bei dir selbst zu bleiben. Dankbarkeit ist eine sehr hohe Schwingungsenergie und darf immer integriert werden, wo sie wirklich aus deinem Herzen kommt, und wird dadurch noch mehr dieser wunderbaren Energie in dein Leben ziehen. Ganz automatisch!

Jeden Morgen, bevor die Kinder mein Bett okkupieren, die Frühstücksbrote geschmiert werden und die To-Do's schon nervös auf ihrer Liste mit den Füßen tippen, nehme ich mir IMMER einen kurzen Moment nur für mich und Schöpfung (Gott, Buddha, Allah ... egal, wie du es nennen magst) und bin dankbar. Noch bevor ich mich aus dem Bett schäle, schließe ich die Augen, atme, ruhig und tief ein und aus und bedanke mich ganz bewusst:

> Ich bin wieder aufgewacht.
> Ein neuer Tag wartet auf mich?
> Es geht mir gut. Ich bin gesund, stark.
> Ich habe eine weitere Chance bekommen, zu wachsen,
> zu lernen, zu lieben, zu leben.
> Meine Kinder sind bei mir und gesund.
> Ich habe großartige Freunde, Vertraute, Lehrer und
> Weggefährten.
> Eine schöne Wohnung.
> Einen vollen Kühlschrank.
>
> **DANKE SCHÖN!**

Sich Sonntagmorgen gegen acht Uhr für die Kinder zu bedanken, die schon seit einer Stunde quengeln, wann es denn ääääähn-dlich Frühstück gibt, ist manchmal eine Herausforderung, aber ich liebe sie, und ein Leben ohne meine Kinder wäre keine Alternative. Also: Vielen Dank für diese zwei Wirbelwinde! Vielen Dank für diesen neuen Tag, an dem ich lerne, wachse und reife ... als Frau, als Mutter, als Autorin, als Coach ... Manchmal reicht das schon, manchmal formt sich daraus auch ein längeres Gebet, und manchmal frage ich: Was ist zu tun? Wo soll ich heute wirken? Wie? Mit wem? Zum Höchsten und Besten? Und dann darf der neue Tag beginnen. Neue Abenteuer warten.

Und am Ende des Tages? Auch da könntest du die letzten Minuten vor dem Einschlafen ganz aktiv für Dankbarkeit und Reflexion nutzen. Wenn du regelmäßig über deinen Tag reflektierst und erkennst, was dir guttut und was nicht, steigt deine Aufmerksamkeit für deine Gefühle und deine Tagesabläufe, und gleichzeitig kannst du dann aktiv dafür sorgen, mehr von den guten Dingen in deinen Alltag zu holen, und wirst die unangenehmen Dinge vielleicht besser verstehen und akzeptieren können.

Wie habe ich mich heute gefühlt?
Was hat mich heute glücklich gemacht?
Wer ist mir begegnet?
Wer oder was hat mich zum Lachen gebracht?
Worüber habe ich mich heute geärgert?
Wie hat sich das angefühlt?
Was habe ich heute gelernt?
Was möchte ich morgen besser machen?

Deine letzten Gedanken vor dem Einschlafen beschäftigen dein Unterbewusstsein für die nächsten sechs bis acht Stunden. Was soll dich in den Schlaf begleiten? Ein Streit? Die Einkaufsliste? Oder dein Chef? Die nervige Kollegin? ... oder etwas Schönes, Friedvolles, Erholsames ... entscheide du ...

UNKLARHEIT

Egal, ob es um berufliche Wünsche oder private Belange geht oder das Leben an sich, wird die Mehrheit der Menschen sagen können, was sie *nicht* möchten. Was sie stattdessen wollen, bleibt meist unbeantwortet, unklar.

Was willst du? Was erwartest du von dir selbst?

....

....

....

....

... von deinem Leben?

....

....

....

....

....

Möchtest du Mutter sein oder »nur« Kinder haben? (Möchtest du sie zur Welt bringen und möglichst viel Zeit mit ihnen verbringen, oder ist es dir lieber, wenn sich jemand anderes mit den Alltäglichkeiten beschäftigt?)

....
....
....
....
....

Wie funktioniert Familie für dich?

....
....
....
....
....

Womit möchtest du dein Geld verdienen?

....
....
....
....
....

Wie viel Geld brauchst du, um das Leben deiner Träume zu leben?

....
....
....
....
....
....

Willst du selbst Geld verdienen oder lieber das Geld von jemand anderem ausgeben?

....
....
....
....
....

Willst du für dich selbst sorgen, oder sollen das andere übernehmen?

....
....
....
....

Wie soll dein Partner sein?

....

....

....

Wie soll dein Partner aussehen?

....

....

....

Wie soll er (oder sie?) sein Geld verdienen? Und wie viel im Jahr?

....

....

....

Womit soll er (oder sie?) sein Leben füllen?

....

....

....

Was für Beziehungen möchtest du haben?

....

....

....

Wofür brauchst du (d)einen Mann? Einen anderen Menschen an deiner Seite?

....
....
....

In welchem privaten Netzwerk möchtest du agieren?

....
....
....

In welchem beruflichen Netzwerk möchtest du agieren?

....
....
....

Was für ein Lebensgefühl möchtest du erfahren?

....
....
....

Wie soll Nahrung für dich aussehen, schmecken, sich anfühlen?

....
....
....

Willst du selber kochen oder essen gehen?

....

....

....

Wie willst du wohnen?

....

....

....

Wie viel Platz brauchst du für dich?

....

....

....

Wie viel Zeit brauchst du für dich? Am Tag? In der Woche? Im Monat? Im Jahr?

....

....

....

Willst du reisen oder Urlaub machen? Wo? Wie lange? Wie oft?

....

....

....

Welche Rolle spielen Tiere in deinem Leben?

....
....
....

Wo willst du leben?

....
....
....

Mit wem?

....
....
....

Wie lange?

....
....
....

Wozu?

....
....
....

Es gibt so viele Fragen, die es sich zu stellen lohnt. Irgendwo habe ich einmal gelesen: Wenn die Fragen aus dir kommen, wirst du dort auch die Antworten finden. Dann frage dich! Immer wieder und ganz konkret:

 WAS? WILL? ICH?

Und zwar DU, nur DU, Du ganz allein und nur für DICH. Was willst DU?

Wird mein Chef mir kündigen? Vielleicht, nur, was willst du? Willst du den Job überhaupt behalten?

Liebt mein Mann/meine Frau mich? Vielleicht, aber liebst du ihn/sie? Willst du zukünftig euer beider Leben miteinander verbinden?

Wird sich meine Firma erfolgreich auf dem Markt etablieren? Vielleicht, nur was genau heißt das für dich: »erfolgreich auf dem Markt«? In fünf oder zehn Jahren noch existent? Oder Marktführer? Oder doppelt so viele Mitarbeiter wie zu Beginn und siebenstellige Jahresumsätze? Was genau willst du?

Werde ich genug Geld verdienen? Vielleicht, nur, wie viel ist genug? Genug für die Miete, den Ostseeurlaub oder das Haus mit Garten und die Putzfrau und die Universität für die Kinder und die sechs Wochen jedes Jahr auf den Malediven?

Werde ich jemanden finden, der mich liebt? Vielleicht? Nur, wer soll das sein? Deine Freunde? Deine Katze? Oder ein Partner, dessen Liebe du genießen und auf gleiche Weise erwidern kannst? Oder eine Partnerin?

Der Anfang liegt immer *in* dir. Verschwende nicht unnötig Energie mit Sorgen und Ängsten, sondern kultiviere tägliche Rituale, die dir Klarheit, Kraft, Vertrauen und Gelassenheit schenken. Für den täglichen Weg zu dir eignen sich die folgenden vier Schritte. Der Autor und Coach Veit Lindau hat sie in einem seiner wunderbaren Life-Videos vorgestellt, und seitdem sind sie zu einem festen Bestanteil meines Tages geworden:

STILLE

Nimm dir jeden Tag einen Moment der Ruhe für dich, um zu überlegen, was du erreichen möchtest – kurzfristig und langfristig, beruflich und privat. Morgens ist das super, aber auch abends ist das ein wunderbares Ritual, um den Stress loszulassen, negative Erlebnisse und Gefühle und in einen ruhigen Schlaf zu finden. Dafür eignen sich viele Möglichkeiten, einige habe ich dir bereits vorgestellt. Schau einmal, ob Folgendes für dich funktioniert:

Bevor du aufstehst oder bevor du einschläfst, legst du dich lang und bequem in dein Bett – eine Hand auf dem Bauch, eine auf dem Herzen. Während du langsam und tief in den Bauch einatmest, zählst du bis sieben. Danach wanderst du in Gedanken mit deiner Aufmerksamkeit vom Bauch zur Brust und machst währenddessen für eine Zählzeit eine Atempause. Anschließend atmest du langsam wieder auf sieben Zählzeiten aus. Dein Atem fließt immer ruhiger und tiefer und versorgt jede einzelne Zelle mit frischem Sauerstoff und heilender Energie: 1, 2, 3 ... 7 in den Bauch einatmen – 1 Pause – von der Brust aus 1, 2, 3 ... 7 ausatmen und alles loslassen, was dich geärgert hat oder was dich belastet – 1 Pause – Bauch – Pause – Brust – und so weiter. Sei offen für die Bilder, Gedanken und Gefühle, und was immer sich währenddessen einstellt, und genieße diese Übung so lange, wie du es für richtig hältst.

ZIELE

Reflektiere jeden Tag deine Ziele. Stimmt das, was ich hier mache, mit meiner Mission überein – für deine Beziehung(en), deine beruflichen Wege, deine Finanzen, deinen Körper, usw.?

KÖRPERPFLEGE

... ist mehr als Zähne putzen und schnell unter die Dusche huschen. Dein Körper ist ein Geschenk. Zeige ihm jeden Tag, wie dankbar du bist, dass ihr beieinander seid, und kümmere dich liebevoll um dich. Das geht prima durch pflegende Öle und Lotion, gesunde Nahrungsmittel (keine Füllstoffe!). Aber natürlich darf auch dein ganzer Tag bewegter werden.

KOMMUNIKATION

Achte darauf, *was* du sagst, *wie* und zu *wem*. Mein Beruf ist sehr eng an Sprache gebunden. Egal ob als Personal Trainerin oder als Autorin, in beiden Fällen möchte ich genau verstehen und verstanden werden, und in beiden Fällen schleichen sich trotzdem manchmal Unklarheiten ein, kommt es zu Missverständnissen oder witzigen Versprechern. Das ist nicht schlimm, oftmals sogar lustig, und so manche »Reibung« erzeugt Wärme, die sich im Nachhinein als sinnvoll und wichtig herausstellt. Sei einfach aufmerksam, ob du verstehst und verstanden wirst oder wie du deine Kommunikation klarer gestalten kannst. Was spricht dagegen, nachzufragen: »Wenn du sagst, dein Tag war okay, hört sich das so an, als sei alles in bester Ordnung. Ist das so? Oder willst du jetzt einfach nicht darüber reden?«

Jeden Tag können wir etwas dazulernen und verbessern.

Etwas an dem »heute« ist vielleicht das Ergebnis einer Unklarheit von »gestern«?

FEHLENDE KONSTANZ

Meist entdecken wir in schwierigen Zeiten Strategien, die uns helfen zu heilen, zu wachsen, Kraft zu finden. Wir beginnen Tagebuch zu schreiben oder machen jeden Morgen Sport, gehen zur Massage, verbessern die Ernährung, manchmal sogar radikal, hören auf, zu trinken und zu rauchen, und gönnen uns ausreichend Ruhe und Schlaf. Wir sind liebevoll zu uns selbst, tauchen in neue Rituale ein und blühen wieder auf. Und dann? Geht es uns besser. Und dann? Verfallen wir nach und nach wieder in alte Muster, streichen das, was uns so gutgetan hat. Ersatzlos. Plötzlich wird nicht mehr gesportelt, Tagebuch geschrieben oder gesund gekocht. Plötzlich ist alles andere wieder wichtiger. Wichtiger als unsere Gesundheit. Wichtiger als unser Wohlbefinden. Wichtiger als wir selbst. Das ist schade. Wenn du etwas findest, was dir guttut, dann bleib dran.

Loslassen kann super sein, Konstanz aber auch. Beides hat die Qualität, zu befreien und Leichtigkeit in dein Leben zu tragen. Alles zu seiner Zeit. Manchmal ist Loslassen einfach nur der Weg des geringsten Widerstandes und Konstanz der entscheidende Schritt zum Erfolg. Konstanz ist der lange Atem, und dem schenken wir in unserer Kultur generell wenig Beachtung. Zu selbstverständlich ist das schnelle Glück, Befriedigung, wann und wo immer wir wollen. Jetzt.

Viele meiner Freunde halten mich für extrem diszipliniert, weil ich täglich Sport mache. Dabei bin ich das gar nicht. Ja, ich mache täglich meine Übungen, aber nicht weil ich so diszipliniert bin, sondern weil es mir so guttut und inzwischen längst zu meiner Routine gehört. Genauso wie ich jeden Morgen

Zähne putze, Haare käme oder frühstücke, so gehört auch Bewegung und Meditation zu meiner täglichen Körperhygiene.

Aber mit den Kindern ...
... und die Eile jeden Morgen ...
... und auch im Winter, wenn es dunkel und so ungemütlich ist und man wirklich schwer aus den Federn kommt?
Auch verkatert nach einer Party?

> Ja. Ja. Ja. Ja, dann erst recht.

Der Tag ist einfach ein ganz anderer ohne meine morgendliche Routine. Das kann sanftes Qigong sein, kräftigendes Yoga oder Pilates; zehn Minuten, 20 oder mehr, aber irgendetwas mach ich immer.

J-e-d-e-n Morgen! Es hilft mir, in meiner Kraft und mit mir in Kontakt zu bleiben, Luft zu holen, ruhig, entspannt und gleichzeitig konzentriert in den Tag zu starten. Das ist meine Basis für alles, was der Tag noch bringt.

Was hast du verloren, was du wieder mehr in dein Leben integrieren möchtest?

....
....
....
....
....

Wann ist für dich eine gute Zeit, um Routinen für einen gesunden Lebensstil, beruflichen Erfolg, privates Glück in deinen Tag einzuflechten?

Wie wirst du dich dafür belohnen?

....
....
....
....

STARRHEIT

Die Anspannung vor wichtigen Terminen, nächtliche Grübeleien über schier unlösbare Probleme, Beziehungsstress oder Liebeskummer – es gibt so viele Situationen, in denen unser ganzes Körper-Geist-System unter Hochspannung ist. So angespannt und hart wie eine Rüstung. Einige verschanzen sich in dieser Rüstung, um in die Schlacht zu ziehen. Andere verstecken sich darin und warten ab, dass bald alles wieder gut wird. Diese Rüstung, diese Anspannung spüren wir körperlich sehr: Der Atem geht flach, der Kopf ist schwer, die Schultern drückt es nach unten oder auch ins Hohlkreuz. Manche kennen gar kein anderes Körpergefühl als diese Enge, diese schwere Last, an der sie jeden Trag tragen. Doch selten bringt uns diese Rüstung auf einen guten Weg. Auf den ersten Blick machen wir vielleicht einen imposanten Eindruck, aber auch der edelste Ritter stakst steif und starr zu seinem Pferd. Mehr als ein paar Zentimeter sieht er nicht von seiner Umgebung. Atmen geht nur, bis Bauch und Brustkorb an die Rüstung stoßen. Und so tappt er wenig elegant schnaufend und schniefend, klappernd und rasselnd geradeaus und immer schön vorwärts, egal, wo es hinführt. Das alles macht diese Anspannung, diese innere Rüstung in Körper und Geist auch mit uns. Festgefahren, stur und unbeweglich, stürmen wir nach vorn, in die Schlacht, durch unseren Alltag. Beim Sport, besonders im Yogaunterricht, zeigen die Körper dann sehr deutlich, wie (un)beweglich ein Mensch ist. Aber auch im täglichen Miteinander führt das zu solch grotesken Situationen, wie zum Beispiel dem Beharren auf Recht, wo Freundlichkeit uns vielleicht viel weiterbringen würde. So oft schalten wir Menschen Herz und Hirn aus, um uns blind ungesunden Gewohnheiten hinzugeben, veralteten Strukturen, Ängsten. Diese Rüstung kann ruhig weg, du brauchst sie nicht. Dass sie dich vor Gefahren schützt, ist nur eine Illusion. Sie behindert dich beim Atmen, beim Herzöffnen, beim Vorangehen. Leben ist Bewegung. Leben ist Veränderung – manchmal beängstigend und stürmisch, manchmal unaufgeregt und plätschernd, manchmal führt es auch wieder zurück auf Start. Ganz nach dem Motto: *Was kümmert mich mein Geschwätz von gestern, nichts hindert mich, klüger zu werden*, darfst du entscheiden, ob und wann, wo, wie, wozu du die Rüstung anlegst und wann Zeit und Raum ist für Spontanität, Wachstum, Flexibilität und Beweglichkeit.

Es scheint so oft so schwierig, zu erkennen, ob wir gerade vergebens an einer Tür klopfen, die sich einfach nicht für uns öffnen soll, und wir uns verrennen – in diesem Projekt, mit diesem Auftrag, mit diesem Jobangebot oder mit diesem Partner –, oder ob es darum geht, nur noch ein klitzekleines bisschen länger durchzuhalten. Ist es an der Zeit, noch etwas gründlicher zu säen, noch etwas geduldiger wachsen zu lassen, für die erste Ernte, oder ist es höchste Zeit, loszulassen, Wandel zuzulassen und etwas Neues zu beginnen? Jede von uns kennt diese Situationen, die schlaflosen Nächte und Grübeleien: Was soll ich nur machen? Selbst wenn wir *ahnen*, was zu tun ist, wenn wir sogar *erkennen*, von *Wissen* sind wir weit entfernt, und auf dem Weg ins Ungewisse begleitet uns eine alte Bekannte: die Angst. Freunde, Familie, Lehrer, Mentoren könne gute Ratgeber sein, wichtige Aspekte herausarbeiten, auf die zu achten ist, doch die entscheidenden Schritte müssen wir selber gehen. Das geht umso leichter, je sicherer wir uns fühlen, den richtigen Weg einzuschlagen. Leider fühlt sich auch die alte Tippeltappeltour nach einem sicheren Weg an. Meist viel sicherer als das Wagnis, vom gewohnten Weg abzubiegen.

Ja. Nein. Vielleicht. Lieber nicht. Oder doch. Okay. Nein, lieber nicht.

Stundenlang, tagelang, Monate, sogar Jahre können mit diesen Grübeleien vergehen, ohne dass die Situation sich verbessert. Im Gegenteil, es wird immer verfahrener, immer schwieriger, etwas zu ändern.

Meist sagt uns unser Bauchgefühl schon sehr frühzeitig, was zu tun ist, hinterher sind wir sowieso schlauer. Doch immer auf den Bauch hören? Oder auf die anderen? Listen schreiben und sorgfältig Für und Wider abwägen? Oder doch lieber mit dem Kopf durch die Wand? Impulsiv nach vorn preschen oder lieber ausharren? Wie immer geht es um Balance zwischen zu steif, zu starr und zu unstet und flexibel. Irgendwo dazwischen ist dein Weg. Was du dafür brauchst? Liebe und Vertrauen.

Wann immer mein Kopf nicht weiß, was zu tun ist, die Gedanken Tango tanzen und mein Herz die Kommunikation verweigert, schicke ich meinen Körper vor, und mein Geist folgt. Dann finde ich Beweglichkeit durch Yoga-Übungen, Balance im Qigong und Kraft im Kung-Fu und dann kommen auch meine Antworten.

Die meisten Menschen in meinen Trainings sind entweder beweglich oder stark, beides zusammen ist die hohe Kunst.

Eine trainierte, starke Muskulatur ist nicht automatisch schnell und geschmeidig. Das habe ich selbst erfahren als ich anfing, Kung-Fu zu trainieren. Demütig wollte ich das Training annehmen und war doch die allwissende Trainerin, Yogini, Pilates-Fan, Skihase, Sportskanone ... kurz: hochnäsig. Viele Monate nachdem ich mein Kung-Fu-Training begonnen hatte, knackste und knirschte es noch immer in meinen Gelenken, besonders Knie und Schultern zeigten mir, wie steif und eingerostet ich tatsächlich war. Mein Trainer unterrichtet die »Baumwoll Faust«, eine spezielle Kampfkunst aus China, die eine Muskulatur wie Baumwolle entwickelt: stark und reißfest, gleichzeitig beweglich und flexibel. Kraftvoll angreifen können und geschmeidig ausweichen. Und darüber hinaus den Unterschied zwischen beidem erkennen: Wann ist Zeit für Härte, wann ist es an der Zeit anzugreifen? Und wann nachzugeben? Die Schüler werden nicht nur stark, sondern auch schnell und beweglich, in alle Richtungen – auch im Geist. Mein Training hat mir neue Grenzen aufgezeigt. Das fühlt sich natürlich erst einmal beschissen an. Doch dann, zwischen Muskelkater und Tigerbalsam, erkannte ich die gute Nachricht: Nach oben ist noch Luft!
Niemand lebt sein ganzes Potential. Das muss dich nicht stressen, es zeigt nur: Es gibt noch viel zu lernen. Bleib beweglich. Wachse – wohin du willst. Geh weiter, immer weiter.

Kung-Fu-Kämpfer gestalten ihren Kampf durch einen klaren Geist. Sie lassen sich nicht von Wut oder Zorn verleiten und bleiben dadurch geschmeidig. Ihre immer und immer wieder einstudierten Bewegungsabläufe sind tief im Unterbewusstsein gespeichert und jederzeit sofort abrufbar. Selbst die alltäglichsten Dinge können zu einer Übung werden und helfen, den Geist zu zentrieren, das Gleichgewicht zu üben.

Davon erzählt auch eine Geschichte von einem chinesischen Reisbauern:

Eines Tages rannte sein Pferd weg. Am Abend kamen die Nachbarn zu Besuch und bedauerten den armen Bauern. »Oh, wie schlimm ist das für dich«, sagten die Nachbarn, doch der Bauer blieb gelassen und antwortete nur »Vielleicht.« Das Pferd kam zurück und brachte viele andere Wildpferde mit. Wieder kamen die Nachbarn, doch nun freuten sie sich sehr über die gute Wendung, die diese Geschichte noch genommen hatte. Und der Bauer antwortete: »Vielleicht.« Eines Tages stürzte der Sohn des Bauern von einem der Wildpferde und brach sich ein Bein. »Wie schrecklich!«, fanden die Nachbarn, doch der Bauer meinte: »Vielleicht.« Am nächsten Tag kamen die Soldaten des Kaisers, um mit den Jünglingen des Dorfes ihre Armee zu vergrößern. Den Sohn des armen Bauern ließen sie zurück, schließlich war er mit dem gebrochenen Bein zu nichts nütze. »Was für ein Glück«, freuten sich da die Nachbarn, über die glückliche Wendung der Geschichte, »Vielleicht«, meinte der Bauer.

Das heißt nicht, dass einem alles egal ist und man sich vom Leben leben lässt, sondern vielmehr, dass man achtsam und respektvoll seine Karten überprüft und die Fähigkeit kultiviert, spontan das Blatt auszuspielen und gelassen zu bleiben, wenn man die Dinge gerade nicht ändern kann. Nichts geschieht *gegen* dich. Was passiert, passiert – alles zu seiner Zeit. Und wenn du dich verrennst, dann ist das eben so. Aber in dir ist ein Ort der Ruhe und der Stille, wo du Kraft tanken und Entscheidungen gelassen treffen kannst und alle Antworten findest, die du brauchst. Wo du erkennst, dass alles, was für dich wichtig ist, zu dir findet. Kein Kampf, kein Ziehen und Zerren nötig ist, nur Vertrauen – und Zuversicht in dein Potential, deine Aufgabe, deinen Weg. Egal, ob es um berufliche oder private Beziehungen geht, es geht immer um Menschen, und die gehen immer eine Form von Beziehung miteinander ein: Geschäfts-, Freundschafts-, Liebes-, Verwandtschafts-, Eltern-Kind-, Lehrer-Schüler-, Arzt-Patient-Beziehungen ... am Ende geht es immer um BEZIEHUNGen, um das Miteinander. Das ist am fruchtbarsten wenn jeder so viel Raum bekommt, wie er oder sie braucht und sich gleichzeitig miteinander sicher, verstanden, gesehen fühlt.

Der soziale Stress ist der größte Druck, dem wir uns und unsere Beweglichkeit unterwerfen: Was könnten die anderen sagen? Was, wenn ich scheitere? Was, wenn nicht und ich sogar Erfolg habe? All das Geschnatter im Kopf – du schaffst das nicht! Du weißt nicht genug! Erfolg hat seinen Preis! – führt zu Schockstarre. Auch wenn du aus Wut und Trotz (über)reagierst, bist du nicht im Fluss. Oder du erzwingst etwas, was vielleicht einfach nicht sein soll. Nicht zu dir gehört. Etwas um jeden Preis zu wollen ist manchmal genauso kontraproduktiv, wie gar nichts zu machen und in Lethargie zu verharren. Also lieber durchatmen, auf Abstand gehen, Kraft tanken und Schritt für Schritt in Bewegung kommen.

Bei welchen Tätigkeiten kannst du dich entspannen und Ruhe und Kraft tanken? Vielleicht sind das Kreuzworträtsel, ist das Stricken oder Schwimmen, Malen oder Backen ...

....

....

....

....

....

....

Welche Strukturen geben dir Halt, schaffen Ordnung, und welche engen dich ein?

....

....

....

....

....

....

Was begeistert dich?

....
....
....
....

Was oder wer hält dich jung, neugierig, lebenshungrig?

....
....
....
....

Es ist immer hilfreicher, in Möglichkeiten zu denken als in Schranken. Wenn du an ein aktuelles Problem denkst und wir davon ausgehen, dass nichts in deinem Leben gegen dich geschieht, sondern *für* dich – wofür ist die aktuelle Situation gut? Wozu dient es dir?

....
....
....
....

Was sollst du gerade lernen?

....
....
....
....

Wie du mehr Beweglichkeit für Körper und Geist in dein Leben integrieren kannst? Zum Beispiel so: Eine gute Übung, um wieder in den Fluss zu kommen, *körperlich* flexibel und stark zu werden, ist zum Beispiel eine Variante des Sonnengrußes:

Komme dafür in eine Liegestützposition, die Handflächen sind fest auf dem Boden, die Mittelfinger zeigen gerade nach vorn, die Handgelenke sind parallel zur Matte. Mit dem nächsten Ausatmen setzt du deine Knie auf den Boden, lässt den Po auf die Fersen absinken und streckst Rücken und Arme lang nach vorn – die Kind-Position. Du atmest ein und kommst wieder in den Liegestütz, und mit der Ausatmung schiebst du den Po Richtung Decke, die Beine bleiben möglichst gestreckt, die Fersen ziehen zum Boden, und die Arme sind langgestreckt – der Herabschauende Hund. In gleichmäßig fließenden Bewegungen wechselst du vom Hund über die Liegestützposition zur Kindstellung und wieder zurück und synchronisierst diese Bewegung mit deinem Atem: Einatmen – vom Kind zum Liegestütz – ausatmen – zum Herabschauenden Hund – einatmen – Liegestütz – ausatmen – Kindposition – usw.

Jeden Morgen zehn bis zwanzig Durchgänge können deinem Körper helfen, beweglich(er) zu werden, sich zu erden und sicher zu fühlen, und dem Geist Freiraum schenken.

Oder Kultur? Quasi der Inbegriff von »fliegendem Geist«. Gönne dir, so oft es geht, hübsche Momente mit kulturellem Anspruch. Das kann so viel mehr sein als »nur« der Besuch im Museum, in der Oper oder im Theater. Ich find's super und genieße das sehr, aber auch Basketball, Fußball oder Eishockey ... mit fremden Menschen kochen oder mit Freunden fremde Gerichte? Auch das ist Kultur. Gerade die Dinge, die unser Geist noch nicht kennt, die anders sind und überraschen, dehnen ihn umso mehr. Oder wie wäre es mit einem Kinoabend? Ein Film, in den du sonst niiiiiiemals gehen würdest? So kam ich zu »Magic Mike«, einem Stripperroadmovie, über das ich noch Wochen später gelacht habe.

Und natürlich Natur! Nichts Neues und doch so selten bewusst genossen. Gerade Stadtmenschen sollten einen Tag in der Woche Stahl, Glas und Beton entfliehen, Frischluft atmen, Wind fühlen, Gras riechen, Blumen pflücken, ins Lagerfeuer starren, Rad fahren, spazieren gehen, wandern ... die Möglichkeiten sind endlos, und unser Körper genießt diese Energie im wahrsten Sinne des Wortes. Der Entgiftungs-Experte Dr. med. Dietrich Klinghardt bestätigt, wie heilsam zum Beispiel das Energiefeld der Erde ist. Reich an freien Elektronen, neutralisiert es Giftstoffe in unserem Körper. Zwanzig Minuten barfuß auf der Wiese reichen aus, um das Energiefeld des Körpers wieder in Einklang zu bringen.

ALLEINKÄMPFERIN

Die Uhr tickt, die Parkuhr läuft ab, die Deadline steht vor der Tür, der Abgabetermin hockt im Nacken, Schließzeiten treiben uns an, auch die Bahn wartet nicht. Die Hütte brennt fast immer, also halten wir uns an die verlässlichste Variable in unserem Alltag: die Effizienz. Getriebene sind wir. Hetzen hin und her ... davon. Nur wohin? Hauptsache weiter. Die unverlässlichste Komponente in diesem Rechenspiel ist der Mensch. Er ist zu weich, zu hart, zu sensibel, zu labil, zu gut, zu schlecht, zu jung, zu alt, verträumt, vergesslich, verliebt, Hals über Kopf sogar, auch mal unpässlich, wird krank und alt, hungrig und durstig, ist schnell gelangweilt und redet meist zu viel und zu lange, will Verbindlichkeiten und Sicherheit, Loyalität, Treue, Ehrlichkeit und ist dabei so schwer einzuschätzen – dieser Mensch. Wenn all diese anderen Menschen nicht wären, dann könnten wir doch viel schneller arbeiten, vorankommen, was wegschaffen. Nicht wahr? Wir könnten doch viel mehr allein machen, oder? Dann müssten wir nicht ständig auf andere warten, wüssten immer, woran wir sind, müssten nicht teilen, und viel mehr von all dem Geld würde auf unserem Konto landen, oder etwa nicht? Und: Wir wären die Schönste im ganzen Land. Wäre das nicht phantastisch?

Gruselig wäre das. Okay, das ist Ansichtssache, und es gibt diese Momente, da ist die größte Freiheit, die wir haben, unsere Privatsphäre, zur Not auch die wenigen Minuten auf der Toilette. Hauptsache, kurz mal Ruhe. Mütter wissen, was ich meine. Mit Kindern im Haus, nehmen wir Frauen das »Stille Örtchen« gern beim Wort, und selbst das kleinste Bad wird zum Rückzugsort, zur Wellnessoase oder zum Meditationsraum.

Ja, Menschen sind anstrengend und können nervig sein, aber machen wir uns nichts vor: Wir brauchen einander, um zu überleben. Kleine Babys sind ohne andere Menschen nicht überlebensfähig, verkümmern ohne liebevolle Zuneigung. Das gilt im Grunde genommen für jede von uns – bis zum letzten Atemzug. Wir wollen in Verbindung sein, Interaktion. Wie das aussieht, was wir dabei geben und nehmen, liegt ganz bei uns. Du kannst dich in deinen Verbindungen, deinen Beziehungen durch Konkurrenzdruck, Erwartungshaltungen oder permanentes Vergleichen stressen. Oder du lässt dich auf die Reise ein und lernst, liebst, wächst – du für dich und in Verbindung mit den anderen. Das können unsere Kinder sein, unsere Lieben, aber auch die Bäckersfrau, die Nachbarin oder der schrumpelige Opa in der U-Bahn.

Wir sind soziale Wesen. Wir brauchen das. Das Miteinander, das Reden-Können, den Austausch, das Voneinander-Lernen. Das stärkt uns. Missgunst, Neid, Konkurrenzdenken, all das schwächt uns und darf gern weg.

Wir sind auf diesem blauen Planeten, um zu lernen. Mit Haut und Haar zu spüren, was es heißt, Mensch zu sein. Das lernen wir nicht durch materielle Dinge, das lernen wir durch Beziehungen, durch unser tägliches Miteinander. Dafür sollten wir die Spielregeln kennen und natürlich mitspielen. Uns einlassen. Vertrauen. Es ist genug für alle da, keinem wird etwas weggenommen. Vielmehr hat jede Einzelne von uns ihre individuelle AufGABE. Das heißt für dich: Du musst nicht die Beste sein, alles können und machen. Du darfst unabhängig sein, du darfst du selbst sein und Hilfe annehmen, wo du sie brauchst, und dich einbringen, wo du es für richtig hältst. Das ist doch super! Befreiend. Bereichernd. Wenn wir Frauen mit diesem Wissen in die Welt hinausgehen, danach handeln, jeden Tag – was könnten wir bewirken?

Wir dürfen unsere Krallen einfahren. Statt uns gegenseitig den Erfolg oder die Schönheit zu neiden, statt uns selbst schlechtzudenken und kleinzureden, statt uns in Abhängigkeiten zu begeben. Reichtum und Fülle entsteht durch Varianten, durch Abwechslung, durch Ergänzungen.

Wir bedienen uns alle an der gleichen Quelle. Die eine, um damit ihren Blumengarten zu wässern, die andere nutzt das Wasser für ihren Kräutergarten, die Nächste wäscht sich damit rein, eine andere malt, was sie sieht, wieder eine andere putzt damit Steine, und wieder eine andere bereitet mit dem Wasser leckere Mahlzeiten zu. Jede kommt und geht und nutzt die Quelle so, wie sie es für richtig hält. Wir dürfen aufhören, nach rechts und links zu den anderen zu schielen und uns zu fragen, ob das eigentlich sinnvoll ist, den Kräutergarten zu wässern, und ob wir vielleicht auch besser Blumen gießen sollten, oder ob das gut aussieht, diese Steine zu putzen und uns zu sorgen, ob die anderen mit dem Wasser etwas viel Tolleres machen. Was für eine Energieverschwendung.

Bleibe bei dir und bereichere deine Beziehungen so sehr, wie es zu dir, deinen Fähigkeiten und Kräften passt ... und du wirst wachsen. Nicht um dich über andere zu stellen, sondern um glücklich und liebevoll deinen Weg zu gehen und dadurch die Menschen um dich herum zu bereichern und zu inspirieren. Neulich hatte mich eine Freundin als Yoga-Lehrerin in ihren Garten zu einer Sunrise-Yoga-Session eingeladen. Als ich ankam, stand schon ein Tablett mit verschiedenen Teesorten auf dem Tisch, hübsche Gläser dazu, ein Schälchen mit Obst, Yogamatten lagen bereit, und jeder fühlte sich willkommen. Und ich dachte: Was für ein Geschenk und was für ein Talent, solch eine gute Gastgeberin zu sein. Einen Ort zu schaffen, an dem andere Menschen zusammenfinden, sich wohl fühlen, in Kontakt kommen, in Kontakt sein wollen und dadurch wieder wachsen dürfen – im Miteinander. Das ist so schön und so besonders und alles andere als selbstverständlich. Eine gute Gastgeberin zu sein ist eine großartige Gabe. Ein Geschenk für jede von uns und sehr inspirierend. Jede von uns trägt so ein Licht in sich, dass darauf wartet, geteilt zu werden. Auch für nächste Generationen, die heute von uns lernen, was es heißt, Frau zu sein.

Egal, ob du eine Tochter hast oder nicht: Was soll(te) sie lernen?

....

....

....

....

....

Welche Fehler sollen die nächste Frauengenerationen auslassen dürfen?

....

....

....

....

....

....

Wo würdest du dir mehr Unterstützung wünschen?

....

....

....

....

....

Wer könnte dir diese Unterstützung geben?

....
....
....
....
....

Wo würdest du dich selbst gern mehr einbringen?

....
....
....
....
....
....

Was könnten die nächsten Schritte für eine intelligente Vernetzung sein?

....
....
....
....
....
....

Wir Frauen dürfen uns ein Umfeld aufbauen, das stärkt und wegweisend ist.

Wo willst du hin?
Wer willst du sein?
Welche Menschen sollen dich begleiten?

Es ist wichtig, sich auch mit Menschen zu umgeben, die anders schwingen als du. Erfahrungen werden geteilt, Horizonte erweitert, Argumente geschärft. Genauso wichtig ist es aber auch, in liebevoller Unterstützung zu baden, sich aufzuladen mit Bestätigung, Anerkennung, Freude, Liebe und Wissen.

Wo oder bei wem findest du Stärke und Inspiration?

....
....
....
....

BE-YOU-TIFUL – GUT, BESSER, ICH!

Wie war das?

»Nur zwei Prozent der deutschen Frauen bezeichnen sich selbst als schön.«

Wir können das ändern. Eine Frau, die sich ihrer selbst sicher ist, zufrieden und in Einklang mit sich selbst und ihrem Körper, hat die Kraft, die Welt um sich herum zu verändern. Allein durch ihre positive Ausstrahlung und Energie erschafft sie ein Feld, in dem auch andere Menschen über sich selbst hinauswachsen können und dürfen. Ist das nicht wunderbar? Wir brauchen also überhaupt nicht gegeneinander zu kämpfen. Wir dürfen all unser Konkurrenzdenken hinter uns lassen. Es ist genug für alle da, und so dürfen wir miteinander und durcheinander wachsen.

Fülle.
Für alle!
Hurra!

Hab keine Angst vor Rückschlägen. Habe den Mut, deine Träume zu verwirklichen, und Vertrauen in die Magie des Lebens und die Kraft der Liebe. Was immer geschieht, versinke nicht in Verzweiflung und Selbstmitleid. Es wird sich ein Weg finden, es wird sich eine Tür öffnen. Bleib in Liebe, bleib dankbar und kultiviere deine Geduld. Vertraue mit Weitsicht auf ein gutes Ergebnis, statt kurzsichtig und ungeduldig zu zetern und zu zerren. Wie auch immer dein Weg zur Traumfrau verläuft, wohin auch immer dieser Weg dich führt: Lass diese Reise zu einem inneren Weg werden. Du kannst »das Außen« nur verändern, indem du dich innen veränderst:

Wie du die Dinge wahrnimmst und siehst.

Was du denkst.

Was du sagst, wie und zu wem ... und sicher auch wann.

Was du fühlst.

Wie du reagierst und wie du agierst.

Ist all das von Liebe, Achtsamkeit und Mitgefühl geprägt, wird davon auch deine Familie genährt, dein Freundeskreis beeinflusst, deine Arbeit, deine Freizeit – alles um dich herum.

Wähle zu wählen und folge lieber deinem Herzen als deinen Gedanken.

Fühl dich verbunden, mit dir und der Welt. Es ist eine Entscheidung. Innerlich getroffen, nicht von äußeren Umständen abhängig. Tanke Sicherheit und Liebe und finde Ruhe und Zufriedenheit, Kraft, Wissen, Gelassenheit, Freude, und wachse über dich hinaus.

Auf den letzten Seiten unseres Buches habe ich noch kleine »Häppchen« für deinen weiteren Weg. Wenn du magst, probiere sie gerne aus, übe, praktiziere; integriere in deinen Tag und dein Leben, was sich gut für dich anfühlt, um dich besser und besser zu fühlen. Inspiriert haben mich dabei meine eigenen Lehrer und andere Autoren, deren Bücher du im Quellennachweis findest.

AFFIRMATIONEN

Die »Queen of Affirmations«, Louise Hay, erkannte bereits in den 1970er Jahren die Macht der Affirmationen. Eine einfache Methode, die Gedanken zu ändern und dadurch für dich selbst und dein ganzes Leben neue Impulse zu tanken. Eine Affirmation ist eigentlich nur ein Satz. Aber dieser Satz steckt voller Liebe, Möglichkeiten und positiver Energie. Immer wieder und wieder diesen Satz erinnert, hilft er dir, in Chancen zu denken und ein positives Gefühl für dich, dein Leben, deine Gesundheit zu entwickeln und dadurch all diese Fülle schließlich in dein Leben zu ziehen. Als würdest du, mit beiden Beinen auf der Erde, deine Gedanken von eng und grau in weit und hell umprogrammieren. Zum Beispiel durch Sätze wie:

Jede meiner Entscheidungen ist richtig für mich.
Alles, was ich brauche, finde ich in mir.
Ich erwarte und akzeptiere, dass mir Fülle und Reichtum ungehindert zufließt.

Schöne Beispiele für jede Lebenslage findest du auch auf der Internetseite von Louise Hay:

www.louisehay.com/affirmations/

... die übrigens erst im Alter von 62 Jahren ihren Verlag Hay House gegründet hat. Es ist also nie zu spät, du bist nie zu alt, die Frau deines Lebens zu werden.

Einen universellen Satz, den ich mir selbst jeden Abend ins Gedächtnis rufe, bevor ich einschlafe, habe ich von Dr. Wayne W. Dyer übernommen. In seinem Buch »Wishes fullfilled« schrieb der Autor über ein kleines Kärtchen an seinem Bett, mit dem er jeden Abend sein Unterbewusstsein programmierte. Darauf stand:

Good things are going to happen.

MEDITATION

Für mich ist Meditation *die* Antwort auf so viele Fragen und aktuelle Probleme. Viele Menschen profitieren schon heute davon, und immer mehr öffnen sich für den Weg der Stille, den Weg nach innen, einen Weg, der sehr sanft und gleichzeitig mächtig ist. Sogar Schulen, Krankenhäuser und Unternehmen bieten inzwischen Meditation an. Sosehr ich diesen Weg auch schätze, bin ich mir gleichzeitig sicher, dass Meditation nicht für jeden Menschen notwendig ist, weil viele den gleichen Effekt durch Gebet, Gesang oder Tanz erzielen. Das kann aber ebenso gut auch Handarbeit leisten, das Schrauben und Bauen am Auto oder Motorrad, Schwimmen, Surfen, Kochen oder Backen. Was immer sich für DICH richtig anfühlt.

Es gibt viele wunderbare Meditationen, um mit deinem Herzen zu sprechen; Antworten zu bekommen – zum Beispiel zum »Berg deiner Seele« oder »In vergangene Leben«. Die folgende Meditation nennt sich »Liebe im Mutterleib«. Sie gibt dir einen liebevollen Neustart. Heute wissen wir, dass wir bereits als Fötus im Mutterleib die Stimmungen um uns herum bewusst spüren und speichern. Nicht nur, was die Mutter an Essen und Getränken oder Medikamenten zu sich nimmt, sondern auch welche Gedanken, Ängste oder Stressfaktoren auf sie einwirken oder wie die ersten Monate mit dem Baby für die junge Familie funktionieren. War deine Mama glücklich? Hat sie dich gestillt? Warst du ein Wunschkind? War die Beziehung zwischen deinen Eltern liebevoll? All das beeinflusst deine seelische Gesundheit und körperliche Entwicklung bereits als Fötus und darüber hinaus. Es ist nie zu spät, bedingungslose Liebe zu tanken. Vielleicht hilft es dir, diesen Text auf dein Telefon zu sprechen und dich quasi selbst in die Meditation zu führen (Sprich langsam und ruhig und mach gern bei »...« eine kurze Pause, um die Bilder in dir entstehen zu lassen und zu genießen):

Schließe deine Augen, atme zwei-, dreimal tief ein und alle Anspannung in Körper und Geist aus ...

Stelle dir vor, wie Energie aus den Tiefen der Erde durch deine Fußsohlen in deinen Körper strömt ...

Tanke reichlich von dieser wärmenden, wunderbaren Energie von Mutter Erde und lass sie in deinem Körper aufsteigen ...

... bis sie über deinem Kopf einen wunderschönen Lichtball entstehen lässt ...

Dein Bewusstsein klettert wie eine kleine Version von dir in diesen Ball hinein. Nimm dir Zeit, diesen Lichtball in Ruhe zu betrachten und so zu gestalten, dass du dich darin wohl und sicher fühlst. Stell dir nun vor, wie der Ball zu vibrieren beginnt und langsam nach oben steigt ... Aus dem Zimmer, aus dem Haus, hoch über die Stadt schwebt, höher über die

Wolken und immer höher und höher, bis du die Erde verlässt. Du steigst höher und höher, hinauf ins Universum ... siehst die Sterne und Planeten um dich herum. Dein Ball steigt immer weiter und weiter nach oben, bis du ein helles glitzerndes Licht siehst ...

... Gehe tief hinein. Dies ist ein heilendes Licht aus bedingungsloser Liebe. Fühle, wie es dich durchströmt ... jede einzelne Zelle deines Körpers mit heilender, liebevoller Energie durchströmt ....

Nun stell dir vor, erinnere dich, wie es war, als Baby im Mutterleib. Wie hat sich das angefühlt? ... Welche Farben siehst du? ... Was hörst du oder spürst du? ... Nimm alles wahr, ohne zu werten ...

Und nun schicke ganz bewusst bedingungslose Liebe zu diesem Baby, zu dir als Baby im Mutterleib ... und über alle Stadien deines Seins hinaus ... Deine Kindheit, deine Schulzeit, deine Teenagerjahre ... was immer für Bilder, Farben, Gefühle und Gedanken auftauchen: Nimm sie wahr und schicke dir bedingungslose Liebe ... bis ins Heute und darüber hinaus ...

Wenn du fertig bist, dann steig wieder in diesen hübschen Ball aus Energie ... lass dich tiefer und immer tiefer durch das Universum hinabsinken ... zurück zur Erde ... bis du das Haus siehst, in dem du dich befindest, den Raum, in dem du dich befindest, und ganz sanft landet dieser Ball wieder auf deinem Kopf. Sende dein Bewusstsein wieder in deinen Kör-

per ... atme ein-, zweimal tief ein und aus und komme in deinem Körper an – erfrischt, gestärkt, geliebt und geerdet öffnest du sanft deine Augen.

Wenn dir diese Meditation guttut, dann lass sie zu einer festen Routine, zu einem regelmäßigen Bestandteil deines Alltags werden und praktiziere sie so lange, bis du verwuschelt und zerknittert morgens vorm Spiegel stehst und nichts als pure LIEBE für dich empfindest.

AURADUSCHE

Dass uns Menschen ein Energiefeld umgib, ist nichts Neues, dass einige Menschen diese Aura sogar lesen und für Heilungen nutzen können, finde ich persönlich sehr faszinierend. Der amerikanische Autor James van Praagh schreibt in seinem Buch »Die Welt zwischen Himmel und Erde«: »Je gesünder wir auf körperlicher, emotionaler, mentaler und spiritueller Ebene sind, desto kräftiger ist auch das Energiefeld, das uns umgibt.« Seine Methode, die Aura zu reinigen, ist so einfach in den All-

tag zu integrieren, dass es schon fast egal ist, ob du daran glaubst oder nicht:

Immer wenn du unter der Dusche stehst, stellst du dir vor, wie das Wasser nicht nur deinen Körper reinigt, sondern eben auch das Energiefeld, das dich umgibt. Es fließt als heilendes, goldenes Licht die Aura entlang, deinen Körper hinab, reinigt deine Muskeln, dein Blut, deine Knochen, jede einzelne Zelle, deine Meridiane und spült alles weg, was deinen Körper und dein Energiefeld belastet oder schwächt.

SCHÜTTELN UND SEUFZEN

Ich liebe Qigong. Die Übungen sind so einfach wie heilsam und gleichzeitig so liebevoll poetisch. Zwei Dinge haben sich über meine Qigong-Praxis hinaus in meinen Alltag geschlichen, weil sie wirklich so unkompliziert zwischendurch eingeschoben werden können und es mir damit *immer* bessergeht.

Das Schütteln verbindet dich mit Mutter Erde, schenkt Urvertrauen, lockert den ganzen Körper und aktiviert dein Qi.

Du stehst mit hüftbreit geöffneten Füßen, die Knie sind leicht gebeugt, die Füße parallel zueinander. Richte dich auf. Dein Scheitel zieht dich gerade nach oben, bis du das Gefühl hast, dass deine Wirbelsäule langgestreckt ist und jeder einzelne Wirbel gesund über dem anderen seht. Dann beginnst du zunächst ganz sanft, aus den Knien heraus auf und ab zu

wippen. Nach und nach wird dies zu einem lockeren Schütteln. Deine Füße bleiben die ganze Zeit auf dem Boden, während dein Körper immer lockerer durchgeschüttelt wird, wie ein Kind auf dem Trampolin. Stell dir dabei vor, wie mit jedem Einatmen durch deine Fußsohlen warme, schöne, glitzernde Energie aus der Erde deinen Körper hinaufsteigt, bis unter die Schädeldecke. Und mit jedem Ausatmen alles zurück in die Erde fließt, was dich ärgert, was dich belastet oder wütend macht, was dich stresst oder was du sonst gern abschütteln möchtest. Mach das so lange, wie es sich gut für dich anfühlt (drei Minuten? Fünf? Zehn?) und dann schüttle dich immer langsamer und lass die Bewegung sanft ausklingen.

Dann atme noch einmal tiiiief ein und mit einem Seufzen durch den Mund aus. Einaaaaaaatmen und durch den Mund das Belastende, Negative ausseufzen. Stell dir dabei vor, wie die negativen Emotionen durch deine Fußsohlen deinen Körper verlassen und zu Mutter Erde hinabsinken. Da sind sie besser aufgehoben als in deinem Körper, in deinen Zellen oder in deinen Gedanken. Schick sie weg. Sei dankbar. Atme neue Energie ein und seufze so oft und so laut, wie es sich für dich richtig anfühlt.

Seufzen ist immer und überall eine großartige Möglichkeit loszulassen. Nach einem doofen Telefonat, Streit mit dem Liebsten, Ärger mit den Kids:

ÖLZIEHEN

Das Ölziehen ist eine unkomplizierte Methode zur täglichen Entgiftung. Am besten gleich morgens unmittelbar nach dem Aufstehen und auf nüchternen Magen. Es hilft gegen Zahnfleischbluten und Mundgeruch, festigt lockere Zähne, verringert Zahnbelag, bekämpft Karies und lässt Zähne wieder weiß werden. Im Ayurveda gehört das Ölziehen aber auch zur Therapie vieler anderer Krankheiten, wie Arthritis, Migräne bis hin zu Herzkrankheiten.

Zu Beginn wird der Zungenbelag mit einem Zungenschaber gründlich entfernt (was generell ein guter Start in den Tag ist – mit und ohne Ölziehen). Ist die Zunge sauber und rosafarben, nimmst du einen Esslöffel Bio-Sesamöl, Kokosöl oder Sonnenblumenöl in den Mund. Spül mit dem Öl für einige Minuten deinen Mund aus, wie du auch jede andere Mundspülung bewegen würdest. Zwischendurch kannst du auch immer wieder eine Pause einlegen, in der das Öl sich im Mund verteilen und einwirken kann. Wer sich streng an die Empfehlung hält, macht das mindestens zehn bis 15 Minuten. Ich persönlich finde schon fünf herausfordernd, denn du darfst die Flüssigkeit auf keinen Fall schlucken, weil all die Gifte und Bakterien darin enthalten sind, die ja aus deinem Körper raussollen. Schau einfach, wie lange es sich gut anfühlt und ob du nach und nach oder ab und zu (am Wochenende?) die Anwendungsdauer etwas ausdehnen kannst. Und dann: Das Öl ausspucken, den Mund gründlich mit warmem Wasser ausspülen und Zähne putzen.

EIN ÖL FÜR ALLE FÄLLE

Nach Büchern wie Marion Schimmelpfennigs »Giftcocktail Körperpflege: Der schleichende Tod aus dem Badezimmer« habe ich zwar überlegt, was wohl in meiner Bodylotion so drin ist, wirklich geändert habe ich ehrlich gesagt nichts. Bis wir im Urlaub waren und ich tatsächlich die herrlich duftende Lotion vergessen hatte. Sommer, Sonne, Strand und die Dusche am Abend OHNE nachträgliches Eincremen? Nee, das ging nicht. Neu kaufen aber so schnell auch nicht. Zum Glück fiel mir in meiner verzweifelten Suche nach Ersatz der Rat meines Ayurveda-Arztes ein: einÖLen.

Für unsere Ferienküche hatte ich Kokosöl eingepackt, was sich bei den sommerlichen Temperaturen anwendungsfreundlich verflüssigt hatte. Das war nicht nur ein großartiger Lotion-Ersatz, sondern ist besser und vielseitiger als jede Lotion oder teures Beauty-Öl. Es macht die Haut weich und geschmeidig und riecht wunderbar nach Sommersonne, schützt darüber hinaus aufgrund seiner antibakteriellen, antiviralen und fungiziden Wirkung auch zuverlässig vor Infektionen und unterstützt den natürlichen Heilungsprozess der Haut. Es hilft bei Hautausschlag, Schnittverletzungen und Schürfwunden, Schuppen und bei Babys Milchschorf und eignet sich als Gesichts- und Lippenpflege. Sogar vor Mücken und Zecken soll es schützen. Super. Super einfach.

BASISCH BADEN

Basisch baden hilft deinem Körper, zu entsäuern und zu entschlacken. Diese Bäder sind eine Wohltat für alle, die viel Sport treiben, unter Hautunreinheiten leiden, sich müde, schlapp, bitter oder ausgekühlt fühlen.

3 EL des Salzes (gibt es im Drogeriemarkt, in der Apotheke oder im Reformhaus) einfach in die Badewanne, und dein Körper wird die Säuren über die Haut ausscheiden. Allerdings setzt der Entsäuerungsprozess frühestens nach zwanzig Minuten ein. Ein Basenbad sollte daher 40 bis 60 Minuten dauern. Probiere aus, wie sich das für dich anfühlt. Auch durch basische Fußbäder kannst du die Säuren ausleiten, sollte das besser für dich funktionieren als ein Vollbad.

OHROPAX

Stille, Ruhe, Frieden ... wo finden wir das in unserem hektisch wuseligen Alltag heute noch? Im Schlaf? Ich habe zwei Kinder und wohne in Berlins pulsierender Mitte, da ist mein Schlaf selten ruhig und dadurch auch selten friedlich. Ein erholsamer Schlaf balanciert die Anspannung des Tages aus und lässt uns neue Energie für den nächsten Tag tanken, schenkt uns Gesundheit, sogar Jugend. Denn vor der REM-Phase wird das

Human Growth Hormone (HGH), ein Wachstumshormon, freigesetzt. Klinische Studien bestätigen die positive Wirkung des HGH:

- das Immunsystem wird gestärkt
- Körperfett abgebaut
- Falten gemindert
- Konzentrationsfähigkeit und Energielevel steigen
- stärkere Knochen und leistungsfähigere Muskeln

Je besser die Schlafqualität, desto mehr Wachstumshormon wird im Schlaf freigesetzt. So weit, so gut. Wir verdunkeln das Zimmer, entfernen elektrische Geräte, schaffen ein angenehmes Schlafklima, schließen die Augen, schließen den Mund, nur die Ohren bleiben auf Empfang. Probier es einfach mal aus:

Schließe auch die Ohren und schau, ob sich deine Schlafqualität verbessert ... und wie sich der nächste Tag anfühlt.

ME-MENTO – DEIN KRAFTORT FÜR SCHÖNE MOMENTE

So, meine Liebe! Ich wünsche dir alles LIEBE auf deinem Weg.

Du bist gut wie du bist!
Toll! Einzigartig!
Und wunderschön!

Vergiss das bitte nicht. Vertrau in dich und das Leben. Feiere jedes Erfolgserlebnis auf deinem Weg. Ein Lächeln? Komplimente? Schöne Momente? Bestätigung? Gemeisterte Herausforderungen? Wunder? Zeichen? Schreibe, male, klebe, ... alles hier auf die folgenden Seiten. Sammle hier all das Schöne, Gute, all die LIEBE in deinem Leben, und mach die folgenden Seiten zu deinem Refugium, deinem Me-mento, deinem Kraftort.

Nichts geschieht gegen dich. Bleibe im Vertrauen. Und weil das manchmal leichter gesagt als getan ist, darfst du hier aus deinen Erfolgserlebnissen immer wieder Kraft schöpfen.

DANK

Dieses Buch liegt mir extrem am Herzen. Viele Sätze darin habe ich nicht allein geschrieben. Sie kamen aus mir, aber nicht von mir.

Ich danke allen Menschen, die Liebe, Licht und Inspiration in mein Leben gebracht haben, allen, die mir geholfen haben, zu lernen, meine Argumente zu schärfen, meine Augen, meine Ohren, meine Sinne und mein Herz zu öffnen. Meiner Familie – natürlich! Ihr seid meine größte Stütze, Quelle von allem, was ist, und unendlich geduldig mit mir. DANKE!

Wirklich erfolgreich wäre dieses Buch erst für mich, wenn jede Frau beginnt, sich mit Liebe zu betrachten, gut mit sich zu sein und diese Liebe schließlich auch in all ihre anderen Lebensbereiche trägt.

Ich würde mich so freuen, von dir zu hören. Wenn du magst, dann teile mit mir, was dich bewegt, und schreibe mir:

mail@tinaschuetze-berlin.de

QUELLEN

Für dieses Buch haben mich all meine Sportkundinnen inspiriert, Freunde und Familie – meine großen und kleinen Lehrer. Auch folgende Bücher waren eine große Hilfe und wegweisend:

Rüdiger Dahlke: »Der Körper als Spiegel der Seele«,
  München: Mosaik bei Goldmann 2009
Bruce Lipton: »Intelligente Zellen«, Burgrain: KOHA-Verlag 2006
Dr. med. Christiane Northrup: »Frauenkörper – Frauenweisheit«,
  München: Goldmann 2010
Robert Peng: »The Master Key. Qigong Secrets for Vitality,
  Love and Wisdom«, Louisville/USA: Sounds True Inc. 2014
James van Praagh: »Die Weite zwischen Himmel und Erde«,
  München: Goldmann 2000
Elif Shafak: »Die vierzig Geheimnisse der Liebe«, Zürich:
  Kein & Aber 2014
Dr. Jean Shinoda Bolen: »Göttinnen in jeder Frau«, Berlin: Allegria 2004
Vianna Stibal: »Theta Healing«, Berlin: Allegria 2011
Brain L. Weiss: »Many Lives, many Masters«, New York: Touchstone 1988